生命里的家常便饭
方任利莎的 甜 酸 苦 辣

口述　方任利莎
撰文　陈晓蕾

商務印書館
The Commercial Press
创于1897

2012年·北京

图书在版编目(CIP)数据

生命里的家常便饭/方任利莎,陈晓蕾著.—北京:
商务印书馆,2012
ISBN 978-7-100-09245-6

Ⅰ.①生… Ⅱ.①方…②陈… Ⅲ.①纪实文学—
作品集—中国—当代 Ⅳ.①I25

中国版本图书馆 CIP 数据核字(2012)第 134791 号

本书由三联书店(香港)有限公司
授权商务印书馆在中国内地出版发行简体字版本。

生命里的家常便饭

方任利莎 陈晓蕾 著

商 务 印 书 馆 出 版
(北京王府井大街 36 号 邮政编码 100710)
商 务 印 书 馆 发 行
广 西 民 族 印 刷 包 装
集 团 有 限 公 司 印 刷
ISBN 978 - 7 - 100 - 09245 - 6

2012 年 9 月第 1 版　　　开本 880×1240 1/32
2012 年 9 月广西第 1 次印刷　印张 9¾
定价:28.00 元

更有飯香
更有飯味

金香牌
泰國精選絲苗香米王

總代理：協億有限公司
總經銷：金香食品公司　電話：3-636285

目 录

序一
为方太新书作序

◎蔡澜

如果每一个女人都像方太，那么天下就太平了。

做电视节目之外，她说话不多，但总是一针见血。对婚外情，她觉得"背叛"那两个字很吓人，其实并没有卖身给对方，只是违反了承诺，而承诺是一时的，之后大家都会变。

方太离了婚，带着一群孩子，一手把他们养大，到最后，还要陪孙子们，她就是那么一个坚强的女人，一切，都可以用肩膀扛着，不吭声，乐观地活下去，也把这种生活态度传了下去。当今出书，透过她的经验，我希望每一个女人都能和她一样，别再一哭二闹三上吊了。

和方太深交，是她在"亚视"做烹调节目的时候，她当年很红，从家庭主妇到的士司机都知道她是谁。有一次在饭局中，友人介绍我们认识，我向她说："还是不适合用太深颜色的指甲油。"

方太即刻会意，也知道我看她的节目看得仔细，后来请过我上她的节目。

人家以为我只会写，其实我们做半工读的穷学生，如果爱吃好一点的，谁不会亲自动手呢？说煮就煮，我胆粗粗（大）地上了她的电视，从来没有在众人面前表演过，但也不怕，做的是"蔡家炒饭"，拿手好戏，放马过来吧！可惜没有录下来，不然重看，也会觉得自己烧得还是不错的，但把厨房弄得乱七八糟当然没出现在画面上。

方太和我都住九龙城区，有时买菜相逢，我相约吃饭。有时飞新加坡也遇到，每次都相谈甚欢。她时常教导我，比方煮青红萝卜汤，她说加几片四川榨菜即能吊味，照做了，果然效果不同。

有方太这个朋友真好，她会处处保护你。《方太广场》是一个有观众的现场节目，有次做完，一个八婆（长舌妇）问："你认识蔡澜吗？"

"认识呀。"方太回答。

"他是一个咸湿佬（好色之徒）呀！"八婆说。

方太语气冰冷："他看人咸湿（好色）的，对方要是你的话，你可得等到来世了。"

序二
我的妈妈

◎方宝妮

常有人问我，母亲那么成功、有名气，你有何感想？

说实话，我真的没什么感觉。她的知名度较高，因为她的工作在镜头前让大家看到，那是工作的性质，就像天安门前站岗的军人一样。父母离婚后我跟妈妈两个人生活了10年，我从学生变为上班族，妈妈还是每天努力不懈地埋头苦干。她可以从早上8点开始坐在书桌前写稿、写食谱、与赞助商电话会议，一直到睡觉前，她还是在书房里不停地写。我的工作伙伴总说我勤力（奋），但我知道，我没学到妈妈的一半。

小时候也有很多同学问我，你妈妈是否认识很多明星？印象里妈妈跟不少明星艺人合作过，但我想不出她跟谁做了朋友。

我这么说，是否让你有点失望？

其实在我眼里，她做母亲的成就，远远胜于她的烹饪事业。我的原始记忆是小时候妈妈给我洗澡，她总是笑眯眯地对着一岁的我不断说话（我当然不知道她在说什么），还用手指把我的刘海卷成一个一个的小发圈。而我总是喜欢用小手泼打塑胶浴盆里的水，把妈妈弄得浑身是水。六十年代的香港，不管是社会还是我们，生活都是清苦艰难的。而我们跟大部分香港人一样，是苦中作乐地一步深一步浅走过来的。

妈妈的出身很好，甚至算是名门之后。但她童年并不幸福，来了香港之后也不顺意，草率的早婚带来更多问题……换了别人，也许就是一辈子的忧郁埋怨，永不翻身。但妈妈天生是一个战士，而我们兄弟姐妹5人就是她的推动力，几十年一晃眼过去了，我们5人得到的都比我们应得的多；如果不是妈妈为我们的幸福铺垫，我们没有今天的安乐日子。

我很幸运，因为我是老幺，在妈妈身边的时间最长。妈妈是我最亲的人，也是我最好的朋友，我曾经说过，能当我母亲的女儿，是我这辈子最幸福的事情。我相信友情，也需要爱情，但我知道，不管这个世界变成怎样，也只有妈妈不会离弃我。很多事情都能跟别人分享，但真正的委屈，永远只能跟妈妈说。

我以前一直觉得妈妈像保护小鸡的母鸡，很有霸气地照顾着我们（我 26 岁的时候加班到半夜 3 点，妈妈是会给我老板打电话要求他放人的，哈哈），但近年我发现妈妈变温柔了，没有了以前的强悍。这个改变，提醒我是时候来个角色转换，应该是我去照顾、保护妈妈了。然而我做得愈多，我愈发现自己做得不够。我实在无法想象，当年妈妈是怎么把我们 5 个抚养成人的。她的坚强和勇敢，改变了一家人。

一直以来，我认为妈妈在工作上的最大贡献，并不是让观众学会烧一两个小菜，而是让很多生活得不太如意的妇女知道，只要你愿意努力，你完全可以改善自己的命运。很多女人结了婚生了孩子就忘掉了自己，但这样的所谓牺牲，到头来是吃力不讨好的。爱自己和爱家庭本来并不矛盾，让自己快乐，才有能力去感染别人。

我衷心感谢所有爱戴家母的朋友，你们给她的爱和支持，让她走得更好更远，也丰富了她和我的人生。我祝福天下的母亲健康快乐，也希望所有为人儿女的能够孝顺父母，多给老人家一点耐性和爱心。

至于我，但愿生生世世能做我妈妈的女儿，就足够了。

2010 年 1 月 28 日晨　于北京

再版序二
欣赏和感谢天下的母亲

◎方宝妮

很多朋友对我说,我很羡慕你有方太这样的妈妈……

每次听到这类"感言",我都有点摸不着头脑。大家到底羡慕我什么呢?

请别误会,我并非说方太不是好母亲,只不过我觉得,方太跟普天下的母亲并没有太大分别。荧光幕上的方太,是能言善道、精于烹饪的节目主持人,而那是她的工作;现实中的方太,是对儿女管教严谨的母亲、对女婿媳妇客气的丈母娘及婆婆、对孙辈宽容的外婆和奶奶。

跟天下大部分孩子一样,我也有与母亲意见不合的时候,不过,我们选择了坦诚沟通和彼此尊重。这过程不容易,但我们一直努力尝试,也庆幸到目前为止,我们都视对方为最知心的朋友。

　　家母事业上的成就，没让她忽略儿女成长中的精神需要，反而让她更了解我们的世界与角度。我有这样的母亲，其实是种压力。我要超越的并非她在厨艺上的成就，而是如何以不卑不亢、坚毅忍耐的态度来面对人生种种挑战。我的成长环境条件比她好，方太做得到的，我应该也可以。更重要的是，我比方太幸运，因为我一直有妈妈陪伴在身边（外婆在方太8岁的时候已经离世）。

　　《生命里的家常便饭》述说了方太人生的往事点滴，在香港推出时深受读者喜爱。我在内地生活了10年，对很多城市（特别是北京）都有深厚感情。今天这本书能进入内地市场，对我来说就像介绍母亲与好友认识，满心是不能言喻的愉快与兴奋。

　　希望您会喜欢这本书，更希望您在关注家母的琐碎往事之余，以同样心情欣赏天下所有的母亲。有言道："上帝无法照顾每一个人，所以赐给每人一个母亲。"我非常同意，您呢？

　　诚祝天下母亲身体健康，平安喜乐。

　　再次感谢大家对方太的支持与爱护。

2012 年 8 月 9 日于香港

序三
愿你们会喜欢

◎方任利莎

　　三联书店的编辑陈玉小姐找我，表示想为我出一本自传，真把我吓了一跳。我不明白她的用意何在，如果以一间出版社的立场来说，真是太冒险了，谁会来买这本书？我不想他们亏本，何必做"劳而无功"的事呢？

　　此外，我在工作上有一个原则，就是不让投资者有损失，无论是我的赞助商、广告客户，或做代言人，我都会参与商讨，绝不是收了钱，就什么也不理会了，更不做有钱就拿的人。可以骄傲地说一句话：自我出道至今，我从未让我的客户白花钱，只有收到意想不到的加倍利润。

　　这也做成如今客户们都和我保持良好关系及喜欢我。基于这些原则，我拒绝了陈玉小姐。因为，写自传不是我能做得到的，我真的感到惶恐。但她绝不放弃，多次的游说，并说会以访谈的形式，又找来多次获得新闻写作报道奖项的陈晓蕾小姐执笔，使我无法推搪，只望他们没有看走眼。

更重要一提的是陈晓蕾小姐的才华，我和她是两个时代的人，我经历的事情，有些是她难以想像和领会到的。这次执笔，对她应该不是容易的事，感谢她对我的包容、协助，真是辛苦了！

特别要感谢买此书的读者，给我的捧场和支持。

如果以前没有你们的支持鼓励，我不可能有今天，愿你们会喜欢。

到老人中心介绍包粽子。

第一章
成本不过一角钱

我希望：孩子将来，都比我好。

我才18岁就结婚了，生了5个孩子，一直等到最小的女儿上小学了，才可以腾出时间去打工，心想孩子大了，家庭开支渐渐增加，如果可以挣一点钱，小孩的生活便会充裕一点。

做什么好呢？小女儿念下午班，只是下午有几个小时空档，能做什么？那时挺惆怅的，但我习惯每天看报纸，一边等小女儿吃午饭，一边翻报纸看，咦，无意中看到有烹饪中心请兼职"烹饪助理"，这事我应该懂的，在家煮了这么多年饭！

家里也没别人，我就问小女儿："如果妈妈去上班，你行吗？"

"行，我可以照顾自己的，我已经上学了。"

"真的行吗？"

"真的！"7岁的女儿肯定地答。

现在想来，当时她其实也不知道上班是怎么回事，但她爱妈妈，觉得一定要支持妈妈。我的小女儿很贴心，因为一直在我身边，比较知道我一路怎样走来。

我下决心，好吧。写信应征吧！那时候，寄一封信，邮费一角，心想，再蚀本，也就是一角钱罢了。

写了信，寄了，就忘了。

当时也不是很着急一定要找工作。

一段时间后，收到见工的回信。我一看信纸，是香港家政中心！前阵子才在报纸登很大的招聘广告，又要有学历、又要有经验，甚至要求在国外学过烹饪。我一看，就不想去了。我什么都没有，去来做什么？当时寄信，只是寄到邮政信箱，没想到是这么大型的烹饪中心。

香港家政中心当时很"巴闭"（"牛"），是香港电灯公司开的，由立法局议员邓莲如的妹妹邓惠如小姐主理。

我没去见工，心想没有资格，免得被人奚落，加上心里总觉得人家没可能看上自己，何必多此一举？倒不如自己放弃。这件事只有小女儿知道，也没告诉过别人，况且丈夫从来不想我"抛头露面",不会支持。多一事不如少一事,不去,也就不去了,事情就搁下来。

过了两三个星期,差不多到了年尾。快过新年,家里很忙,突然有晚黄昏接到电话,说是香港家政中心打来,对方问:"你有没有收到信,要来见工?"

"有啊。"当时丈夫已下班,就在身旁,这电话着实来得不合时。

"那你为什么不来?"

"我不来了。"当下心情忐忑,只想挂线。

"为什么?"

"我不知道是你们这么大型的烹饪中心,寄信只是一个邮箱编号,没有写明啊。"最终也忍不住压低声线说出原因,实情是心里乱得很。

"那知道了,就应该来嘛!"

"我不来。"想到自己没有资格,不想浪费大家时间。

"为什么?"对方似乎很坚持,也许是好奇。

"因为你们报纸上要求好高,我没有那样的资格。"我那时决定不去见工,也就很坦白:"我只是一个家庭主妇,我觉得自己不合乎你的条件,无谓去啦(去也没意义)。"

"但你都还没有来！说那么多？你来啦。"

"我没空。"丈夫的不喜欢，家中堆积如山的家务，5个孩子……

"下星期一你有空吗？"

"不行。"愈想愈害怕，就推说没空。

"星期二行吗？"

"不行。"

"星期三行了吧！"

我开始不好意思，怕被丈夫发觉，想快快收线，就说："好吧。"其实我也对家政中心有点好奇，想去一看。

到了星期三，心想，反正对方叫我去，就去吧！那就穿整齐一点，稍稍打扮一下，免被人感觉自己寒酸。

世事有时真难料，也是缘分吧，我当时不知道亲自见我的，正是邓惠如小姐，在场还有一位主任。邓小姐知道我是上海人，问我懂不懂做上海菜。我答普通的都会做，因为在家煮饭这么多年了。她就叫我立即到厨房做一个菜。

我看见有黄鳝，就炒"鳝糊"。既然要考试，就炒个难一点的吧。

邓小姐吃了说："挺好呀，你炒得挺好啊。"然后又再问我，为什么最初不来见工。

"没学历、没文凭，哪有资格应征？留在家里带孩子好了。"我解释。

"试试吧！"邓小姐说，"时间我们尽量迁就。"

我就答应了。一个星期两次，时间也很适合，能够趁小女儿上学时上班，学校4点下课，还来得及坐巴士先去买菜再接女儿，回到家可以做晚饭。薪酬400元，在1978年，不多不少，可是却足以给家人每餐吃好一点，帮补孩子读书，也比起每一天在家里，一元做一打手套要好得多。

上班，就是帮忙打点，例如开班老师教课，我先准备材料，下课后收拾干净。那里有好多老师，教西饼、西餐，也请厨师来教中菜，其中有的曾经在澳洲念烹饪。每个老师都不一样，当助手不容易，就是收拾好了，有些人还是会发你的脾气："这你不要动！""那你不用碰！"

如果年轻助理，遇上另一个也是年轻的教师，可能会不开心。我虽然年纪也不会比那些老师大，但会把这口气吞下去："对不起，是我没有收拾好。"我已经是妻子和母亲，人生有点经历，不会嚣张。

那如何平衡自己的心理呢？我就对自己说："真好，有学习的机会。如果有朝一日，我有机会，一定不要这样令别人难受。"

当时的心态不过是想多点收入，没心表现自己，所以宁可自认"无料"（没本事）。世事就是如此，别的老师有沙纸（学历），我没有，然而我会煮菜，他们不会。最后，我出头了。

看着各个老师上课，我还领悟到一点：在家煮饭，和教人做菜，完全两回事。

在家煮出很好吃的菜，不等于可以教懂别人，因为要令对方从不懂变懂，要非常有耐性，又要能够引起对方的兴趣。还有，虽然对方叫你老师，你不是真正的老师，对方也不是学生，是顾客。

很多人不明白这道理，教人做菜的态度是"我懂，你不懂！"

我永远不会这样说，我总是告诉学生："很容易，你一定懂的，很容易学会。"我会给对方信心。

助理当了 5 个月，有一天，邓惠如小姐找我："你懂得很多上海菜啊？"

"是的。我家以前住上海，因父亲工作的关系，去很多地方，他懂食，也会说很多食物的故事，我从小听了一些。"我就这样回答。"那你列一张菜单出来，看有什么好吃的上海菜吧！"她说。

我写了一张清单。

"这张纸上面的菜，你都会煮吗？"她问。

"一般都会的。"不过就是糖醋排骨、狮子头、炒鳝糊……上海人一般都懂得做。

"我给你开一班上海菜，让你教。"

"啊？我不行！"我吓一跳，"我不懂！我不敢！"

"你先准备吧，所有的菜式先在这里煮一次。"她坚持。

当时是七十年代，香港没有人教上海菜，连上海饭馆也不多，我是香港第一个教上海菜的。

回想起来，感激有这个机会：邓惠如小姐和主任帮我试菜，说很好，又带我去礼顿道的南北楼吃上海菜。虽然香港家政中心也是商业机构，有电灯公司支持，可也不会做蚀本生意，当然期望烹饪班是赚钱的。是邓惠如小姐给我机会。

我没名气，没人认识，谁知一开班，40个学生名额居然全满了。

当时学费也不便宜，学生每一堂要给100多元。而我每一堂，会有150元，比当助理，多了50元。

应该因为邓小姐的关系，很多有钱的太太捧场。我很幸运，全班学生都是有钱的太太，例如"维他奶"的罗太、大昌汽车的黄太……她们本来就是朋友，联谊似地一起来上课，下课，再一起去"马会"喝下午茶。

我怎能真把这些太太当学生？她们家中都有厨师，都懂得食，不过，不一定有机会下厨，来上课，是想生活丰富一点，消闲罢了。我很幸运，她们都很斯文，对我很好，不过如果我出错，是会说出来的。

开课前，我还是有点怕。那家政中心主任对我说："你学一件事：上了讲台，就当台下没有人吧！"

第一课，我一开始就说："我们第一次见面，老板告诉我：你们每位家里都有厨师，所以你们一定吃过很多美食。我呢，第一次教，希望大家可以互相学习，如果我有什么不妥的，希望你们给机会，指正我。"

可能因为我坦白，她们很接受我，大家的感情很好，后来每次我开班，名额都是超额爆满的。

每次开班，都是一个月四堂，如果菜式重复，再开班，学生也不来了。她们会说："老师，教点新的吧，我们继续捧你场！"

"行，你们想学什么？"当然要留住顾客！她们捧我场，我也很开心，于是很努力找新菜式，读很多参考书，当时图书馆并不很多烹饪书，都得自己买，我主要到商务印书馆，有时还要去中环的二手书店找古老的食谱。另外，还不时要上馆子试食，甚至自己付钱找厨师学做菜。

有次偶然去香港仔翡翠宫大酒楼吃饭，认识了那四川师傅，当时不是很多人会讲普通话，我俩却可以用普通话聊天，我还去过四川，聊得很高兴。我问师傅："收不收徒弟？""我下班，你就来学吧！"师傅答应了。他60多岁，10多岁开始学师，经验很丰富。

有段时间晚上煮饭吃饭都收拾好了，再过海去香港仔学做菜。那时交通不方便，巴士要坐好久，到了酒楼还得等客人都走了，师傅才有时间教。

酒楼厨房的铁锅又大又重，一不小心，手臂烫出一条伤痕，一碰，又是另一条，整个月下来，左边手臂好了，右边手臂又烫伤。

那时已经不只教上海菜，四川菜也教。有时学生在什么馆子吃了一道菜，想学，我就得去掏腰包去试吃。虽然有烹饪的底子，可也得不断学习。

我变得非常忙碌，下班后饭菜还是要准时送上，洗碗碟后，争取时间跟宝贝谈天，逐个看他们的功课与手册，待所有家人睡了我才可以静下来学写食谱备课，每天晚上两三点才能去睡。

　　我要我的丈夫、我的小孩觉得："妈妈去工作，我们没有损失。"甚至要把家里的东西，做得更好，周末得一次过熨好全家的衣服，一做就是三四个小时，好不吃力。

　　但你有心做一件事，一定做到。

　　很记得有位学生想学"兰花豆腐干"。

　　那是怎样做的呢？一块五香豆腐干，用刀工切到可以拉开，然后炸了再卤，是一味小吃，也可以当冷盘上桌。听起来容易，我在课堂上说："好的，下一个月教吧！"其实我当时一点头绪也没有。

　　看书，然后买豆腐干回来试，先在一面边沿起刀，密密地切很多刀，但都不能切断，翻过来在底面两条切痕中间，再切一刀，仍然不能断，切切切切切，最后要能拉得开。然后用两根长竹签撑着，吹干定型，放进油锅炸，再用卤水煮。

　　我的家人吃了整整一星期豆腐干，到今天儿女还记得！但切了100多块豆腐干，还是切不好，真的切到想哭。

我告诉四川师傅，"兰花豆腐干"切到哭，他说："对呀，切到哭，哪个蠢材做这种事？"我说是学生想学。

"唏，真是没事找事做！"师傅很不以为然，但告诉我，"其实很容易，不要切断就行了。"

"当然知道，但不切断又不一定拉得开！"

"你刚开始，就用两条筷子放两边，豆腐干放中间，一切，筷子顶住，就不会切断，切多十多块，就知道那力度如何。"师傅教我。

我终于学会，能教了。

事情要做好，就得努力。当时已经不仅仅希望增加收入，帮补孩子学习，而是开始想：可能，可以走出一条路。当时根本没料到以后会有机会上电视，纯粹眼前有一班学生，就得应付眼前的需要。

我没有事业心，只是想认真地把事情做好，就是这样。

　　七十年代初，与5个宝贝摄于青山湾的容龙别墅。没多久，我就开始到香港家政中心教烹饪。

　　我曾在天主教伍华中学教授烹饪兴趣班，帮补家计。那年代，学烹饪的男女比例可谓是一面倒的。

　　最初在电视教的是"美食"，比较重视口味，后期人们注重健康，便要清淡一点。我也会摸索刚生了孩子的女士吃什么，然后还要看时令，挑选当季的食物。不断要想出新点子，贴近生活。

第二章
竟然无法开火

在家政中心开班教烹饪，将近一年了。

我进修，是不惜工本的，但从来没有让上司知道，我是不提的。只是将近一年，每班报酬一直都是150元，我也懂计数，每堂这么多学生、收这么多学费，终于向主任开口："我想加'人工'。"

"你无可能加'人工'，因为你没有'沙纸'（学历）。"主任很决绝，"同时你也不会有我们的福利，因为你只是兼职。"当时家政中心的员工，也是港灯员工，享有大公司的医疗等福利。

我没说话，觉得好难堪。

回到家里，不敢向丈夫说，因为他一直都不支持我，也没有跟大一点的孩子说，他们还没回家，而且也未必懂。我记得，当时做晚饭，小女儿端了小凳子在厨房门口看着我，我一边炒菜，一边掉眼泪。

"妈咪，你做什么？"小女儿才六七岁，看到我哭，也想哭了。

"没事，没事。"

"你不要哭！"她走过来，抱着我的腿。

我心想，要不乖乖回家带孩子，不要赚这些钱了，因为我根本没有可能再读书得到学历。可是心里头同时又觉得很荒谬：那些有"沙纸"的在外国只学西餐，却会找建国酒楼的中菜师傅学中菜，特地请到家政中心里示范，上课时我在旁边收拾，因为懂中菜的基本原理，偷偷地也学到一些。建国酒楼的师傅，也没有"沙纸"啊。

一是回家带孩子，一是"过主"（跳槽），找过另一份工作。

当时香港还有另一间烹饪中心，就是"超群"，我写了一封信给曾超群，说自己也正在教烹饪。她回信，约见我。

见面时，我对曾超群说："你可以考我。"

"这行头很窄，我知道你有号召力，不用试！"曾超群直接就说，"我们这里是拆账的，举例：100元学费，扣了材料费，就分账。凡是跟我出身的，五五分账。你，就三七吧。"

"三七太少。"我大着胆子回她。

"四六吧！"她马上还价。

"好的。"我也不多话，但补了一句，"希望你会看我的成绩，以成绩作准。"

她点点头："看看吧。"

我这样就从一个大型烹饪中心，转到私人的烹饪中心。我只是对家政中心交代了一句："我没空，要带小孩。"

去到新地方，好惨！当年连我在内，一共7个女人，加上曾超群是8个，"三个女人一个墟"，8个可真烦得要命！搬弄是非、搅小圈子、勾心斗角，什么都有，每天中午我情愿独个下楼吃云吞面，避免跟她们同台吃饭。现在曾超群见到我，也印象很好，曾经这样形容我："她是'鬼婆'来的，不埋堆（扎堆）的！"

我不要结党结派，上班而已，做事而已。然而糟糕是一个星期有6天上课，哪天是"好日子"，哪天不是，她们晓得，我不晓得。最好的日子、最好的时间，都已经给各人占了地盘，新来的，仅仅能选挑剩下的。那时候星期一最多公众假期，选到星期一，不时就没课可上，影响入息（收入）。

还有，别人教的，不可以教，否则等于抢人饭碗，这真的很难。当时没有人专门教上海菜，可是对方菜单如果有一道是"狮子头"，我就不能教了。

时间不好，某些菜式不能教……我不会跟老板投诉半句，但怎么办呢？突然，灵机一动，想到一个点子：公司要扣材料费，某些菜的材料会贵一点，能分的学费就少了，我就决定教"面食"。

五毛钱一斤面粉，能用多少？

薄饼、馅饼、水饺、蒸饺、馒头、锅贴、生煎包、葱油饼……这些我都懂，也没别的老师教，家庭主妇又觉得很新奇，开班学生马上就满了。

先学搓皮，水饺皮是面粉掺冷水，蒸饺则掺暖水，因为前者会放进冷水煮，后者会放进热水蒸。饺子馅也可以很多变化，好吃不好吃也有差别，这都是凭经验和味觉。菜肉饺是最容易做的，三鲜有虾有海参，就比较难在家里做。一般的家庭主妇，多是应付日常的生活需要。容易学，在家容易煮，有了成功感，就会继续学。

一个月后发工资，我拿着一个信封坐巴士回家，就是不敢打开。

我需要这份工作，但又觉得委屈，当时儿女都读天主教学校，我一时害怕，便在巴士上默默念起《玫瑰经》来。回到家里，把信封拆开，五五分账——心想这老板对我还算好，赏识我。于是继续教下去。

另一件事也很好玩。当时假如要上船当厨师，海事处要求有烹饪证书，可是厨师都是学徒出身的，哪有证书？他们便会来曾超群的烹饪学校上课，有些已经是大厨，有的是二厨、三厨，都得来上3个月课，才能拿到证书，而上课时间通常在晚上，因为那时他们才有空。这一班，薪水是论人头计，收入比一般课堂多，我是新人本应没份，可是其他老师上了一课，便放弃了，她们向老板投诉：好难教！还提议叫我教。

老板有命，不能不从，其实时间在晚上，很影响我煮晚饭，可是想到多一点钱，就答应了。我提早做饭，大孩子很合作，自己开饭，然后留菜给我回来吃，那时烹饪中心在轩尼诗道，还得坐106号隧道巴士回家。

一看见那班"学生"就心里有数，全部都是专业厨师，把一个个"老师"气坏了。

一般人都喜欢夸耀自己做菜是最好的："我懂，你不懂！"

可是我觉得不是，也许我懂得炒鸡蛋，可是说不定你比我更会炒青菜。

"哈，又一个 Miss！"他们见到我就起哄。

"我知道，你们每一个，都是大师傅。"我开口便说，"你们目的是拿证书，我呢，就是要配合你们，让你们都拿得到。我们别说是上课，不如大家切磋切磋，我跟你学，你也跟我学，因为可能有些东西是我懂你不懂的，有些是你懂我不懂。"

他们就高兴了。

我继续说下去："我有小孩，为了来上课，要预先煮饭给家里人吃，希望你们别磨得太晚，让我回家还来得及看《上海滩》。"那是 1980 年，家家户户都在追看赵雅芝的《上海滩》。

"好！"他们都答应。

我还记得叫他们举手："谁是大厨？"当大厨的就举手，然后再逐个厨房岗位问，大家轮流举手……后来，我还问他们："炒蛋白，很容易粘锅，怎样可以不粘锅？"他们马上告诉我秘诀：锅要先烧得很红，一放油，就把锅子拿起离火炒……

第一课，大家已经上得很开心。

课程要求教一系列的菜式，我对他们说："这些菜式，相信你们都懂，不如今天请你来示范吧！"大家轮流出来煮，根本不必我教，然后我又煮一个菜给他们尝尝，双方都很融洽。

有一晚快下课，曾超群上来看，他们就捉弄我，叫道："Miss 快点下课啦，你要赶回家看《上海滩》！"当着老板这样说，我张大眼睛看住他们——

不过没事，总算平安度过。

我也曾经对他们说："我知道你们把我的同事弄哭了，好反斗（调皮），我小时候也很反斗，不那么容易哭。不过我想没必要啊，你要的是证书，我配合你罢了，不如这段时间，大家都开开心心，互相教一点，别浪费了这一堂的时间。"

那时候，曾超群在丽的电视的妇女节目《下午茶》，负责一节烹饪环节，由于节目现场直播，曾超群没空，便由烹饪中心的老师轮流替上。

现场拍摄，时间很紧，如果时间到了，就是菜还没做好，导演也得停止拍摄，因此大家合作颇不愉快。被喊 cut（停）的人会想："我还没煮完，怎么这样没礼貌！"在场的工作人员又会嫌对方慢吞吞，各说各话，有的老师就不愿再上电视。

曾超群就推我上。

我不觉得上电视有什么威风，一份工作吧了，当时还很害怕，因为从来没有经验，只是老板叫到，怎能不去？

我做了很多准备工夫，最重要让自己心理有准备：自己怕的，到底是什么？其他人合作不愉快，原因是来不及煮完，那我就一定不可以慢，要控制时间。我还曾跟着曾超群上电视台，看整个过程如何运作。最后，我决定教"宫保鸡丁"，容易做，好吃，又是京菜特色。

而且我还知道这菜的典故：清朝大官丁宫保在南方和北方都当过官，于是教家中厨子以南方经典的甜酸，加上北方的辛辣，制成独特的味道，人们便称之为"宫保"。

在家中试做了几次，又把想说的故事写出来……自觉准备很足，但上天开了个玩笑：拍摄时，炉子竟然无法开火！

马上有一个工作人员爬到我身边，弄了弄石油气，然后对我摇摇头，我瞄他一眼，知道修不了，但我已经站在摄影机前面，只能镇定地说：

"今天对我很重要。我第一次上电视，我想你们也是第一次见到我，可是炉子有点故障，你们也看了很多烹饪节目，有没有试过'想象'一道菜是怎样做成的？我现在就用口告诉你，这道菜怎样做。"

我说了整整 7 分钟。

回到中心，给老板骂死！

"你怎么这样'论尽'（麻烦）？"她责怪我。好在有位老工人兰姐，陪我一起上电视台，兰姐替我讲话："节目开始前，她检查过炉子，有火的。"当时用的是石油气，可能检查时那一点火，就是最后的"一口气"。

我心想：天意！算了，没机会上电视，就罢了。

事情过了一个星期，朋友剪了一段报纸给我，很小的一段花边新闻："那天有个新面孔上电视教烹饪，但她无法开火，不过她口齿伶俐，讲完整个节目。以后就没再见到她了，希望给她一个机会吧！"

这段报导我也不知道谁写的，但很感慨："这个人真好！替我申冤！"

若干年后，我再翻看这段剪报，感觉更深，人生多讽刺！我在新加坡报纸满满一整版的报导，也比不上这小小一段更让我感动。

过了一阵子，又没人肯上电视示范烹饪，我再被点名去。

这次，没有出错。

我开始定期每星期一至两次上电视。一段时间后，1982年邱德根先生买了"丽的"，改名"亚洲电视"。有一位监制找我，说："我想开一个烹饪节目，星期一至星期五都会播出，想找你负责教。"

"这对我是大事情！我在教烹饪班，如果电视反应不好，泡汤了，我的烹饪工作也会泡汤。"我坦白地告诉他，"以前我上电视，老板给我120元，如果现在也是120元，我不做，因为代价太大。"

"好，你说吧。"他叫我开价。

"200元吧。"那时真傻，一个show只要200元！但当时想，120加到200元，已经很多，而且一个星期有5天，一个月便有4000元！当时根本不懂得电视的价钱。

后来我离开亚洲电视的时候，薪酬是全台最高的。

1982年亚洲电视《午间小叙》的主持黎萱（中）和张美涟，我当时身上的围裙，是超群烹饪中心的制服。

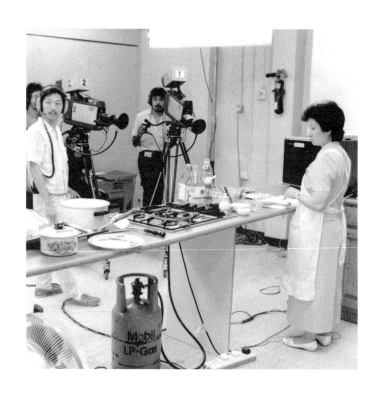

　　电视这个行业好真，大家说话都好直接："冇（有没有）搞错，咁样（这样）？"一般行业不会如此说话；被批评的也不会生气，因为大家都想做好节目。我也喜欢跟年轻人相处，学到很多新东西。

　　“受人钱财，尽力应该”是我一向的工作信条。当年要在10分钟内完成一道菜，并不容易。我就每每挑一些简单又有趣味的菜式，令观众容易吸收。

妈妈（右一）的名字是魏维拉，英文名字Viola，她手抱着的婴儿，就是我。倚在妈妈旁为小姑妈，另一边是三姑妈与表哥。

第三章
水仙花的哀愁

观众只晓得我叫任利莎，"利莎"是我在香港念书时改的名字，不公开中文原名，因为那是跟族谱排列的。

我本来的名字是任履中，小时候不喜欢这个名字，感觉太像男孩子，又不秀气。后来大了，知道原来我们北京的家附近有一座牌楼，有"履中蹈和"四个题字，父亲取其"走路中规中矩，像舞蹈一样平和"之意，也是对孩子成长的一个祝愿，希望我一生成长，都脚踏实地。

当年是不得已才"抛头露面"赚钱帮家，一直不想让别人知道，谁是我的亲戚。免得失他们的面子。

我的父亲曾经是民国大总统的得力爱将，拥有兵权，他有3个太太，18个孩子。

我亲生妈妈，是排行第三的太太，爸爸跟妈妈年龄相距 18 岁。当时爸爸有财有势，妈妈并没有选择，婆婆却很高兴，妈妈嫁给他，生活就有依靠了。

妈妈提出想婚后可以读书，爸爸也答应，但以为这只是口头的说话。他是军人，经常在外，有次回家，居然看到我妈妈正在读书，还说要考试，他就很生气，把书本从三楼丢出去！他丢，第二天早上她又买回来，来来回回，姑妈说，没七次都有五次。

妈妈念的是上海"惠生助产学校"，后来取得正式的助产士资格，爸爸不在家，她就去医院当义工。接着又学英文、学法文，我们住在法租界，她居然可以跟安南巡捕的法国督察说法文，爸爸愣住了。爸爸非常自豪，却忘记了当初曾经丢掉她的书。

妈妈喜欢读书，希望弟弟也能成材。我还记得六七岁时候，有一晚，爸爸不在家，妈妈哭着对舅舅说："如果连你也不肯读书，家里就没人读书了。"妈妈总共有 4 个兄弟：大舅父做鞋子；二舅父有肺病，有次妈妈带我去医院，叫我在外面等，又令我不许告诉爸爸；三舅父早结婚；不肯继续读书的，就是四舅父。还有一个姨妈卖茶叶，颇看不起我妈不是大太太，可是她两个孩子读书，都是我妈妈付学费的。

妈妈和爸爸的结合，坦白说，地位并不平等，但两人出乎意料地恩爱。

妈妈很懂生活情趣，随手拈来，却是点石成金，那份心思爸爸很欣赏。冬天她吃蜜柑，会把果皮丢进大厅的火炉，顿时满堂一阵清香；夏天，她把青梅洗干净，放在白砂糖里滚动，我到现在还记得那又甜又酸的味道。

一次爸爸从外地回到上海，妈妈马上把他拉进房间，她推开窗子，窗外竟然是一片花海！妈妈特地种了好多指甲花。她不但爱花，而且很有品味，特地叫人种白色树皮的法国梧桐树，下雪时，衬着白皑皑的雪地，风景真别致。

爸爸爱美食，妈妈便请来法国菜大厨教做菜；交际应酬流行社交舞，她又请老师来教，把家里大厅的波斯地毯卷起，和舅舅大跳社交舞。记忆中，爸爸没有加入，但在旁边笑着看。

妈妈最爱用"阴丹士林"布做旗袍，一身素蓝，仅仅手上戴着一枚大钻戒。夏天，她还会串起白兰花，盘在发上。早在上世纪三十年代，她已经光顾上海外滩附近的百老汇大厦里白俄发型师主理的美容院了。

爸爸带军在外，一次传来消息说有人被害，然后又有消息指死者是爸爸，消息传来传去，愈传愈心慌。妈妈马上决定要到当地问清楚，一边收拾行李，一边说爸爸这样爱她，不会丢下她的。

突然收到电报，爸爸报平安，电报最后，还发了"永远爱您"四字！

发电报要人译码，收电报，又要人解码，爸爸居然如此公然示爱，妈妈一边读，一边流眼泪，说："能够结为夫妻，我一生无憾。"

后来妈妈对爸爸说："如果你只是一个农夫便好了，我们可以过一些安乐日子……"还没说完，爸爸便大笑："做农夫，你怎还能吃 Dee Dee's 的栗子蛋糕、用'巴黎之夜'香水、穿玻璃丝袜呢？"

其实妈妈生活很朴素，爱吃大豆芽炒豆卜（油豆腐）、糖醋辣椒等便宜但营养丰富的小菜，省下的钱都供亲戚读书。

她生了4个男孩，全部活不下来，到我出生，妈妈一看是女孩就不喜欢，可能是担心丈夫不看重。可是当晚父亲回来，却对妈妈说："这女儿，我喜欢。"然后，她又继续生了两个弟弟和两个妹妹。

那是一个寒冷的冬夜，我和妹妹在三楼玩，听到妈妈叫我们，老工人宜姐便带我们到三楼的楼梯边。

妈妈说："我和爸爸出外，晚点才回来，你们听话啊。"她穿着灰背皮草大衣，漂亮极了，还回过头，跟我挥挥手。

可是第二天早上，妈妈没有回家，这其实不奇怪，她经常跟着爸爸去外地，但那天我一直很不安，不知怎地老是想哭。

将近午饭的时候，舅舅来了，说要带我去爸爸在虹口的办事处，我一向听话，但那天很坚持要穿一条红色的裙子，可是宜姐一定要我穿蓝色，我于是哭了。

一路车上，没人说话，气氛和平时很不一样。

到了办事处，门口全部都是白色的花，到处挂着白布条，走进大厅，妈妈穿着好像古装的凤冠霞帔，躺在木板床上。

爸爸坐在旁边的太师椅，一见到我，便拥着我大哭："你妈妈死了！"

我一生人第一次看见爸爸哭，吓呆了，爸爸是军人，顶天立地，不会流眼泪的！

妈妈才 33 岁。

我才 8 岁。

到现在我还弄不清是怎么一回事！有些大人说，因为流产，有些说是宫外孕，但我现在回想，妈妈是助产士，应该懂得生孩子的事，而且怎么可能一天就没了？是有人害死妈妈，警告爸爸？没人能够告诉我。

爸爸没有出席妈妈的葬礼。妈妈生前每次经过静安寺公墓，都说漂亮，死了也要葬在那里，虽然公墓只许教徒下葬，爸爸还是让教会破例。葬礼后，我一回家，爸爸便拉着我问每一个细节，一边听，一边掉眼泪。

为什么不敢去妈妈的葬礼？我曾经怪过爸爸。现在回想起来，他要顾的，不止是自己的安危。

那段日子，大嫂来我家照顾我和弟弟妹妹。妈妈的房间，一切都不能动，早上爸爸还是叫工人打两盆水洗脸，照旧把牙膏加在妈妈的牙刷上，还把妈妈惯用的香水洒在梳妆台上。

夜里爸爸在妈妈的房间写诗，第二天早上他不在家，大嫂看到那些诗，说："如果有一个男人可以这样爱自己，死也甘心。"

妈妈死了一年后，爸爸带我去南京。我还记得当时的床还有四条柱子，有位女士揭开蚊帐，爸爸对我说："叫她妈妈。"

我叫了，她就说："你和哥哥姐姐去玩吧。"她是爸爸在南京的二太太。

后来，她再告诉我："你妈妈死的那一天，真奇怪，我做了一个梦，你妈妈戴着眼镜来看我，可她是不戴眼镜的。我问她，'你怎么会戴眼镜？'她说，'因为我想你照顾我的孩子。'我醒来，还跟工人说起这事，第二天便知道你妈的死讯。所以我不会打你，也不会对你不好，因为你妈叫我照顾你们。"

她的确没有打过我一下，但亲生的，和不是亲生的，不免有别。而且佣人是最势利的，如果不是得宠的，待遇截然不同。

亲生妈妈不在了，人们就会"不公道"，不必说细节，这三个字已经包括许多许多了。大家庭，恨死也不会说出口，表面上，都很会做人，但实际的感受，如人饮水，冷暖自知。

妈妈在时，我如何过日子糊里糊涂的都记不起，可是妈妈不在了，每一天都是战战兢兢的，印象很深刻。

在南京的家，还有二太太的女儿"二姐"，从爸爸口中得知，二姐是个十多岁的大女孩，可是已懂得持家，掌管家中事务，很不简单。

第一次见面，二姐对爸爸说带我上街，爸爸听了很高兴，二姐买了一个很大的洋娃娃，还会眨眼睛的，我高兴得整夜抱着娃娃睡。第二天，不知道哪里的亲戚来了，还带着一个小女孩。

"你把洋娃娃拿出来，送给这小女孩吧！"二姐说。我舍不得，可是不敢拒绝。

"过两天，再买回一个给你。"二姐又说。可是一直没有。

是忘记？还是要建立威严？看到同父异母的弟妹，会否替自己的母亲抱不平？我通通都不晓得，只知道我是妈妈最大的孩子，弟妹都还有专人照顾，我却得独自长大，虽然在某些时候是最大的，可是某些时候，却轮不到我做大。

有一次不开心，对着亲生妈妈从家乡潮州请回来的宜姐发脾气，大哭："我恨死了！"

宜姐问我："你恨什么？"

"我恨死我妈了！"我哭着大嚷，"她不应该死！要死，就该把我们都带去！"

"你呀！下雨别上街，不然雷公劈死你！你妈是不想死的！她没办法！"宜姐骂我，"你不可以怪她！再说，我打你！"

我那时常常打架，和同父异母的哥哥姐姐争东西，很狠的。

有次打架给宜姐拉回来，我哭着发脾气："你做什么拉我回来！"

"不拉你回来，你给人家打死了！"宜姐说。

"打不过，还是要打！"我狠狠地答。

宜姐很生气："你没出息，争这点东西！你现在穿的吃的，都是你父亲的，不是你的，有什么好争？要争，就争气！"

"我怎样争气？"我生气地回嘴。

"你好好做人，长大了有本事，争回来的东西才是你的。"宜姐说完还要加一句，"你妈妈一辈子都争气，但你不争气，你妈妈在哭！"

之后，还是照样打架，不过这一句"争气"我记得很深。慢慢长大了，就懂得。有时买新衣服，我没份，大人说："你姐姐还有一件衣服很新，你穿那件吧！"明明不是没有钱，为什么他们有，我没有？但无所谓，新衣服旧衣服都是爸爸买的，将来我自己买的，才是我的。

宜姐一直很照顾我和四个弟妹，有一次，南京的妈妈想把宜姐辞掉。

宜姐说："太太，你可以不给'人工'，但如果你要辞掉我，要等老爷回来，因为老爷曾经交代我照顾他们。"

妈妈很生气，可是没办法，就没有出粮（给工资）。

"都是为了你们！"我还记得宜姐对我说。

宜姐一个月只放一天假，放假前她特别叮嘱："你要乖，别打架呀！"因为我算是年长，她接着负责看我的弟弟，只能张开半只眼睛瞧瞧我，她放假，弟弟会另外有人照顾，但就不会留神我。

"好啊，你买东西给我吃！"我还讨价还价呐。

她回来时，买了一包栗子，数几粒放在桌子上给我。

现在我在街上看见卖栗子的，就算不吃，都会买一点。

宜姐放假时，我有没有打架？没有，打架要两个人，或者对方没空。

曾经好长一段时间，我每晚都会祷告第二天不会受攻击，只要说错一句话，就会换来几天的不愉快。

在家里，每天都是一场仗。

巴金的《家》写道："家，是宝盖头下一群猪。"我却觉得猪不会咬人，还比较容易相处。

生活物质条件一直都很好。爸爸在上海、北京、天津、南京、苏州等都有房子，不时包一架火车到处去，往青岛避暑，杭州赏湖，大江南北爱去哪就起行（出发）。

家里有四个厨子：一个是福建厨子，可以煮一桌子福建菜或者广东菜，负责让爸爸请客，我们叫他"大眼睛"，因为他的眼睛很大；一个厨子专门煮西餐；一个专门煮上海菜；还有一个从家乡宜兴带来的"老娘姨",专门做家乡菜,例如蒸糕、包粽子等的家乡小吃。上海话"老娘姨"就是老工人。另外还有二厨、三厨等。家人吃饭都摆三张桌子,工人另外两张桌。

父亲请客当然很多菜,我不记得了,也不想去记。

印象比较深是有一次:我十多岁,和哥哥在花园玩,突然听到工人说,有人送熊掌给爸爸,我和哥哥马上跑上去看。爸爸正叫人打赏给那送来的人,也不知道到底是谁送的,只看见那红木托盘中:一只黑色的爪,好大好大一只,还有毛,还有指甲!我很害怕,马上下楼。稍后就瞥见大厨在拔毛,但不敢走近去看。

那个晚上,哥哥不断追着我,边跑边吓我:"熊掌来了!熊掌来了!"

做熊掌要准备好几天,大约过了一星期,家中大摆筵席,原来熊掌终于煮好。爸爸要我坐在他身边,说:"好香,'大眼睛'的熊掌还做得不错。"然后就夹了一大块给我,看起来很像肥猪肉。

我想起那一只黑黑的大爪:"我不想吃!"

"好东西不懂得吃,蠢人!"爸爸骂我。

"我肚子疼,想上厕所。"马上就溜开了,我最终还是没吃，害怕。

熊掌究竟好不好吃，我不知道呢。

当时的我，怎么会进厨房？以南京的房子为例，爸妈和姐姐哥哥住两层高的前楼，经过花园，我跟弟弟妹妹住三层高后楼，然后顺序是独立的厨房、下人住的地方，最后是守卫的住处。

家里有规矩，少爷小姐不会去下人的地方，顶多是偶尔好奇看看"老娘姨"做点心，或者过年过节，工人在厨房外的天井忙着蒸糕包粽，我们去凑凑热闹。

后来我教烹饪时还笑过自己："早知道这可以换钱，当初就留心学了！"

　　妈妈最爱的，是水仙花。我最后一次见到她，是农历十二月十五日，还有半个月就过年了，家里上下都布满水仙花，那香气，回想起来，却是充满哀愁的。

　　直到现在，我家过年，从来都不放水仙花。

　　拍这张照片时，经历很难受：家中小孩都有新衣，唯独我没有。我身上这条红点白裙，是南京的妈妈随便从她孩子的新衣堆中挑给我，一度令我乐上半天，可是拍完照，她立即要我脱下取回。

中学时的照片，都没有笑容。

　　上天是很公平的，拿走一些，总会又给回一些，童年时的种种经历，教我
很多做人处事的态度，尤其当我做母亲后，更懂得疼我的孩子。

　　1980年春节，我去多伦多探望爸爸。眼见爸爸老了，我心中有说不出的伤感和黯然，忍不住紧紧搂住他。那是我最后一次跟爸爸见面……如果，真有来生，但愿我仍是爸爸的女儿。

第四章
最疼就是你

1948 年我来到香港，环境就变了。

那时我十四五岁，还记得当时坐船来，觉得香港好漂亮。当时虽然一句广东话也不会，但靠着父亲的关系，进了湾仔的华侨中学。我好顽皮，其实很快就听得懂广东话，可是每次老师交代功课，都扮作不懂，常常不交。直到有次小息（课间）我跟同学用广东话交谈，突然有人拍我的肩膀："还以为你没学懂广东话！"转身看，原来是老师！

最疼我的，是中文课老师，作文课，我很快便写完了，无聊地玩吵着别的同学，同学向老师告状，老师居然帮我说话："她作文写得又快又好，才可以玩，你们能像她就好了！"于是每到作文课，我都可以到操场打球！

然而不久，家道中落，男孩还可以继续念书，女孩就没书念了。这没什么可惜的，在那个时代，人们逃难来香港，都以为只是暂时，没想过回不去。爸爸一些下属后来的生活，更是不堪。不能读书，不是大事。

爸爸在抗战后先来香港，便被人骗了40万元，对方逃到巴西，他也不追究；然后做生意也失败了，他本来就不是生意人。

爷爷开药材铺，生了13个小孩，爸爸小时就睡在药材铺。他13岁已经长得很高大，家里穷，奶奶便给他10个大洋叫他去外面闯。当年正好是民国成立最早、最正规的保定陆军军官学校第一届招生，入读年龄起码16岁，爸爸装大三岁，考进去了。他非常勤奋，很快冒起，在军校第二年，已经能够托人带10个大洋给奶奶。到后来奶奶在天津过身（去世），出殡仪式里，当"接待"的，是天津市市长。

来到香港，钱被骗了，又有一大群子女，爸爸心情不好，脾气很大。每天黄昏时候，我便会和爸爸去海边走走，看人钓鱼，我非常珍惜这段时间。

我和爸爸，相差40多年，但我这一辈子，最疼的是我爸爸。

爸爸也疼我，我小时候，他常开玩笑说"含在口中怕会溶了，不含在口中又怕会受凉"，一见面便抱着我，亲我的脸，直到大约 10 岁，姑妈们说女孩大了，不能这样了。妈妈不在后，有段日子我更曾经和爸爸睡在同一间睡房，因为我夜里一直哭。

全家人都说，女孩当中爸爸最疼是我。回想起来，他疼我，因为他爱我妈妈。坦白说，实际上我没得到他什么好处，反而遭人妒忌，但我爱他，不介意。

有次我问爸爸："你说最爱我妈妈，为什么要娶几个太太？"

"你大妈妈，是一个可怜的女人，我只见过她三次，第一次是结婚那天，第二次她已经怀孕，第三次，便是因为生你大哥，难产过世。"他说，"你现在的妈妈，是你大妈妈的妹妹，因为当时家人担心我娶了别的女人，会对你大哥不好，所以让我娶她，她是不由自主的。她是一个好人。而你亲生妈妈，是我自己选的。"他说毕，还补充一句："你现在的妈妈是好人，要尊重她。"

很记得爸爸曾经教我两个字。当时我为家事不开心，爸爸在我手心写了一个字："你知道是什么字吗？""好像是忍字。"

我回答。

"忍字，心上插一把刀，你说多难受！但中国就有一句话，百忍成金。"接着他又在我手心写了一个"恕"字："知道恕字什么意思吗？如心，则是每次对人都要像对自己一样。如果人们犯了错误，要想如果犯错的是我，会否也想别人原谅我？"

我不完全同意他的说法，但当时很喜欢他这样教我。回想起来，很多事情他也许也是无能为力。

这两个字对我以后处事，有很大帮助。

爸爸对我影响很深，我对烹饪有兴趣，也是因为爱他。来香港后，生活条件不及上海，香港工人又不会做爸爸爱吃的菜，他有时候就自己下厨。我不忍心，一定自告奋勇帮忙，他在旁边教，我就照样煮，煮出来有什么不好，下一次就改良，很多烹饪常识和技巧，是这样学到的。

大家庭生活不快乐，我太想脱离家人，18岁还未满，便跟爸爸说："我要结婚。"

"你不可以结婚。你妈妈知道你结婚，会哭。"

"可我现在哭了，我天天在哭。"爸爸就无话可说。

结婚后第一次回家，爸爸叫我出到阳台，然后他把我搂在怀里，搂得紧紧的，有好几分钟，然后放开，说："你是大人了，以后要好好照顾自己，好好做人。"

当时我莫名其妙，没多久，我便明白这拥抱当中包含的心酸和爱意。

爸爸在 1967 年移民加拿大多伦多。

1980 年春节，我去多伦多探望爸爸两个星期。哥哥姐姐想送一个礼物给爸爸——就是送我去过年。他们送来飞机票，当时我才刚出来工作，没有钱，如果不领情，就没机会见父亲，我唯有接受，小孩子都托朋友照顾，留下他们过一个没有妈妈的新年。

爸爸不懂英文，但很有办法过日子，有一间中国菜馆叫 Four Seasons，给他改成"福希慎"。家里人一起开车去，爸爸就说我们走错路，结果反而是他对的，爸爸说："我带着十万大军，都没有走错路！"

他 22 岁后，每一年的新年，都能够吃鱼翅，移了民，哥哥给他寄鱼翅，还要把火腿切成块，封进铁罐寄给他。当地超市的食物，他觉得只有鸭子味道还可以，叫人用洋葱焖了，拆肉配面吃。邻居闻到香味，他也请别人吃，这就交到朋友。

当地还会有一些朋友的孩子在念书，星期六会打电话来问候，我爸爸就请他们第二天去"福希慎"喝茶，那人们就很乐意开车带他去了，吃完饭，还让大家打包点心，又给人家的孩子派红包。

妈妈嫌他花钱，他不以为然："钱是要省，但也要用，否则等于穷鬼。我带他们去饮茶，他们开心，我也开心！"

连卖点心的，也会叫他一声 General（将军）！

在多伦多，每天早上起床，我都亲亲爸爸，搂抱他，他说："就你敢！"他脾气依旧暴躁，小小事情已经可以暴跳如雷，妈妈拜观音，会在观音像上盖一条粉红色的小毛巾。我问为什么？她答得真妙："你父亲每天早上都发脾气不停骂人，我怕观音听到！"

可是我很心痛他一直发脾气，有一趟直接走上前抱着他："你好了！"

"走开走开！"他还是生气。

我抱住他："你这样发怒，会伤身体的。"

"走开！"他不听。我继续说："伤身，爱你的人就会伤心。"

他不做声，过一会，看住我说："你像你妈妈。"

有一天，他叫我去看尼亚加拉大瀑布，我不想去，他一定要我去，就去了。回来时候迟了一点，其实也不是很晚，可是爸爸大发脾气："你又说来看我，又那么迟回来！我7点要吃饭！"

"是你要我去的！"我驳嘴，这是其他兄弟姐妹不敢的。

"我不理，我要7点吃饭，要吃什么什么……"

"好！"我做事很快，6点45分就叫他："老爷，吃饭啦。"他马上笑了。

第二天又叫我去玩。我一口拒绝："我不去。""不去，我打你！"爸爸装出很凶的样子。"那就大新闻了！几十岁还有人打！"我回嘴。

他就笑了。半晌，说："昨天你回家，远远看来，走路样子真的很像你妈妈，不过，你没你妈漂亮！"

"因为我有一半像你！"我马上说。

离开那天很冷。下雨的早晨，让我以为时光倒流，回到童年时的上海。爸爸替我叫了一辆汽车去机场，车子已经开出花园，爸爸还在车房门口，我看见他，很难过，忍不住下车跑过去，抱着他，他也抱着我。我心里好害怕，不知道还有没有机会见到他，哭出声音来。

我感觉得到他在发抖。我说："你保重，我心里，最疼就是你。"

　　"我知道，"然后他说了一句，"如果你要离婚，我不反对。"

　　这就是最后一次见面。

　　上学的第一天，老师把我叫起来"叽哩咕噜"说了一堆，我一句广东话也不懂，老师写出来，才晓得是问我可有英文名字，回到家里可是一件大事，查经问典地找，太长的不要，难叫的不要，几经辛苦才定下Lisa，自觉潇洒又摩登。

移民前，爸爸和妈妈在香港留影，就是移民后，他还继续在经济上照顾旧下属，并且叮嘱我去探望。

　　无疑，我对前夫的一切有点刻意回避，不过我却不怕和别人分享自己对婚姻的看法。也许有人认为离婚是失败的，或说离婚的人没资格谈论婚姻之道，我却不以为然。因为我从那条路走出来，对沿途风光自然有所领悟。

第五章
下辈子别再找我

我很早便结婚。

当时在家里，很不快乐，每晚都偷偷地哭。原因很多：家道中落，和同父异母的兄弟姐妹不和睦，加上没书念了，难道我一直待在店里帮忙？而且我一直觉得在家里不由自主，一天的不快乐可以忍耐，但长年累月的不快乐，无法忍耐。

一是忍耐，一是结婚。

就选择了结婚。

后来才明白，结婚不简单，以为有个男人爱你，所有问题都解决了，不晓得两个人相处，需要有感情基础。婚前，张开眼睛就有饭吃，婚后，又要煮饭又要交房租……生活要承受的事情很多，烦恼很多。

还没够 18 岁，我便当了妈妈，生活更加麻烦。但我一直牢牢地记着：因为我妈妈死了，所以我凄凉，我不要我的孩子没有妈妈。

我在朋友的派对认识我的丈夫，他是混血儿，很英俊，很爱我。我当时以为这就够了，没有钱不重要，重要是可以名正言顺离开家里。

丈夫是个好人，但，是个孩子。

他不成熟，不懂处理事情，喜欢我就一定要娶我，可是压根儿没想过娶回来，有没有能力给我一个家。"我不可以没有你！"听起来是很浪漫的，然而由一个完全没有思考自己有否能力承担责任的人说出来——真是恐怖！

他是很爱我，别的男人看多我一眼都不高兴，我上街塞车，迟一点回家也大发脾气。但作为一个男人，还要勤力工作，不可以懒惰，要有正确的价值观，要有尊严，懂得负责任，这是我结婚后才明白。

光是爱，没有用。

丈夫是独子，父母很早便离异，他姐姐很疼他，但也没有教导他如何长大。我的结论是：可以嫁一个穷人，千万不可以嫁一个永远不长大的人。

有句话形容得很贴切：贫穷在门口入来，爱情在窗口飞走。

婚后就知道丈夫没法承担责任，但年轻不懂避孕，又觉得生孩子是天经地义的，当怀了第一个男孩，感觉很突然。那时感觉自己还是"孩子"，正是"做鬼都唔（不）灵，做醋都唔（不）酸，做酒都唔（不）够辣！"根本没有办法自立。

回外家？一定被亲戚笑。

当了妈妈以后，有次在街上遇见大哥，我一见他便哭了，他马上拉我到小餐厅，我一味就是哭，哥哥说："你来我家住吧。"难得有人收留，我马上去了，孩子暂且托人照顾。

大哥那时环境也不好，住了两晚，偶然听到大嫂说："你别对她太好，太好便不回家！"我心里想，原来不过是暂时收留，这不能真正解决问题。没路可走，唯有回家。

也曾经尝试打工，到戏院卖票，卖票不容易，做事要快，收钱要准，不可划错位子，我做得很好，只是丈夫不愿意我"抛头露脸"，而且很快我又怀了第二个男孩，不得不放弃工作。

带着两个孩子，心里很害怕，自己照顾不来，又有经济问题。

有一天，我下身不断流血，头好晕，当时只懂得问房东："我今天不知做什么（怎么了）？""你脸色好难看，一定要找大夫！"房东说。

我当时住在筲箕湾，便把大儿子托给房东照顾，带着一岁多的小儿子，坐电车去北角找我爸爸，那时爸爸还没有移民。

电车到站，我站起来，眼前一黑，几乎要昏过去，勉强走到马宝道，便再也走不动。爸爸门口附近有位补鞋师傅，算是熟悉的，就请他上楼叫我弟弟下来。

看医生，马上被送进玛丽医院，原来是小产。

住院期间，大儿子由丈夫的姐姐照顾，小儿子留在我爸爸家。说起来，妈妈生了十多个孩子，没有一个亲自带过，以前每个孩子都有奶妈。可是她很紧张我的小儿子，怕从床上会跌下来，就在地上铺垫子，再加三条棉胎，和小孩一起睡在地上。小儿子的尿布，还是弟弟帮忙换的。

我知道后，非常感动。

回想起来，小时候妈妈不喜欢我，很正常，到底我亲生母亲，是跟她争宠的，但从她对我孩子的态度，我终于得到一点爱，哪怕就是一点点，也够了。

没有渴过的人，不会明白一滴水的重要。

一直到小儿子4岁了，我很想有女儿，才再生了一个女儿，翌年生第二个女儿，以为够了，但6年后，有了最小的女儿。

每次怀孩子，我都担心不够营养，但也没有能力去买牛奶，政府医院总给生孩子的母亲大包钙饼，我都会吃双倍的分量。小孩的衣服不够，我不懂缝纫，居然可以把一件成人棉袄，改成两件小孩棉袄！因为租住的地方没有窗，每天都会带他们去公园晒太阳。我还常用面粉煮面团给孩子吃，笑说是："米老鼠的耳朵"。其实是面粉便宜又能饱肚。

虽然生活拮据，但我非常享受带小孩，孩子就像我"花园里的花"，是他们令我还有勇气过第二天的生活。我看着他们长大，看着他们学说话，今天已经跟昨天不一样了。

小女儿今天还记得：很小很小的时候，洗澡盆是黄色的，我一边跟她洗澡，一边说话，说什么不知道了，但很记得洗完澡，我一定会替她卷头发，用手指，在额头轻轻卷一个圈。她用手拍打水花，我会笑着跟她玩。

然而，我回想和丈夫相处的日子，没有什么开心的事。20多年夫妻，找一件他令我开心的事情，也几乎想不起来，真惨！真的很惨！

丈夫要的很简单，一个家，有人煮饭带小孩，一早上班，下班打打牌、听听歌、享受美食，日子就这样过。

　　但这不是我的要求，我把孩子早早安顿好，会看书、写信……他看在眼里，只觉"无谓"（没意思），更不喜欢我出外工作。我所想的，他都不知道，例如小孩大了，我希望他们有更好的生活，但他会说：这很差吗，谁谁谁不也是如此？

　　"我不要听！我不要听！"他会拒绝和我谈下去。

　　很多女人只要丈夫回家睡觉，有给家用，就行了，不用知道他心里想什么。但我不行。我要跟一个人有共同的思想领域，要能谈得来，可以一起生活，计划将来，但和他就不行，所以我不快乐。我也没办法。

　　而且生活的事情，他也没有分担。

　　有一年快圣诞节，我天天下午都发高烧，浑身发冷，在医院住了两个星期又验不出什么病。我急疯了，四处托朋友照顾孩子，丈夫来看我，却是不断埋怨家里没这没那，然后连如何交煤气费也不知道。护士长也看不过眼："她病到这样了，你一个男人连这点事也做不来？！"

　　结果我要在圣诞节当日自己签字出院，医生警告我："你的病很严重！""没办法。孩子没人照顾。"我答。后来看中医，居然又好了，到现在还不知道是什么病。

　　我决定教烹饪，他老大不高兴，立即板着面，我说都是为了增加家庭收入。为免他埋怨挑剔，得做更多的家务，又要上班，又要忙家事，更累。

　　两个人在一起，但心不在一起，是没用的。同一间屋、同一张床、同一张桌子，但如果两个人想的东西完全不同，等于分开生活。相反我爱一个人，他也爱我，两人相爱，就算各自在很远很远的地方，还是阻隔不了。

　　情与爱，得发自心中，如果仅仅因为一纸婚书尽责任，那太苦了。

　　我教烹饪，也不是为了离婚铺路，离婚，就离婚：第一我不理别人说什么；第二我懂思想；第三我要好好生活，人生最重要，是为你所爱的人好好活下去，不是为不爱的人。

　　为什么还要叫"方太"？是因为我是方家孩子的妈妈，虽然儿女都开明，但我觉得这样比较尊重他们；而且根据英国法律，女人离了婚，不介意的话，仍然有权继续冠夫姓。一出来工作，人们便称呼我方太，要改太刻意，反正我也不介意别人知道我离婚。

　　我当时，只是对儿女交代：

　　"我很抱歉要跟你们说一件事：我不会再和你父亲一起生

活，不过，他是一个好人，但大家很难相处，将来你们大了就明白。我依然是你妈妈，他依然是你的爸爸，但，我想你们在我身边长大会好一点。"

儿女心里怎样想，我不要知道。

那时小女儿也念中学了，这么迟才离婚，也有一点是希望等孩子长大。

我和自己的家人，也是说："他是一个好人。不过我不适合他。"我没说他不适合我。

人生最难走，就是婚姻的路，事业肯努力，终有一天可以捱出头，但两个不同性别不同姓氏的人，连挤牙膏也会吵，生活小节亦很磨人。

我觉得谈恋爱，有句老话很有道理，"木门对木门，竹门对竹门"，听起来很势利，但其实背景很重要，相同的背景可以谈得来，不同的背景很难谈。价值观都不一样，很难同一步伐去努力。

我们出身不一样，当然不是他的错，但何尝又是我的错？

现在回想，有没有方法可以重新相处？没有。我不爱他。

不爱。

如今，经历了这么多，更加不会爱了。

我们分开后很多年，只是在街上遇过一次。记得那是在尖沙咀，我下车，看见他走在前面，我呆住，心里非常难过，马上转身上了另一架计程车离开。他也看见我了，但我不想见到他。回到家里，没有人，我打电话给本应去办事的机构说有事去不了，然后就开始哭，哭了好久。

哭什么呢？我问自己。

舍不得吗？不是！

也不是委屈，都分开了。

我只是很伤感：为什么在我生命中，会有一件事弄到如此糟糕？

1982 年我们离婚。

他退休后去了菲律宾，跟当地人生了一个女儿。

我觉得分开了，他的晚年会过得更好，而他的身后事，我也有暗中给意见儿女。我的儿女们，也帮忙照顾他留下的女儿。

前阵子，大女儿回香港，想去拜父亲但不记得地点，我说我知道，女儿很愕然。到了那放骨灰的地方，一看，儿女选的地方还不错。

我十分感慨，也有点陌生，仿佛和他之间发生的事情，像做梦，然而又是真实的。一时间，是缘是债，我都分不出了。

我只是轻轻对他说："我对你，应该做的，已经尽力做了；不应该做的，也做了。我们没有拖欠。孩子都争气做人，你应该安慰，好好上路。下辈子别再找我。我不适合你。但你给我的 5 个宝贝，真的谢谢。"

丈夫喜欢摄影，为我拍下不少相片。结婚照片，一张都没有留下了。

　　孩子一直是我活下去的力量，带给我很多欢笑和快乐。我喜欢晚饭后躺在床上看书，小孩会上来捣蛋，有一次几兄妹在床上跳，突然把床跳塌了！

　　1970年代的某个圣诞夜，6个人把家里布置得充满圣诞气氛。5个宝贝都是我一手亲自带大，在他们的成长过程，也有着各自的甜、酸、苦、辣，各有不同的性格、不同的思想。

　　这是我刚开始在电视台工作的宣传照，起先我在电视教烹饪并不顺利，还以为从此没机会再出镜了。

第六章
一麻包袋的信

我参与亚洲电视的第一个节目，是《午间小叙》，也是香港第一个一星期播足5天的烹饪节目，那是1982年。《午间小叙》本来是一个妇女节目里10分钟的环节，后来因为观众喜欢，妇女节目本身的名字反而不很多人知道，我也忘了。当时妇女节目是"亚视"的受欢迎，无线电视后来请的李太李曾鹏展，也曾经是烹饪学校的旧同事。

最初，我非常紧张。

以前在《下午茶》现场示范煮菜，总有主持人在身边，一边煮一边谈，时间过得很快，可是新节目就我一个人，而且因为节目最初不被重视，只能排在晚上录影，一录就是很多集。我心里紧张，笨猪似的又不懂得看镜头，频频"NG"（不行）。

当时的监制周伟才先生指导我："你没有笑容，要笑。"

"我很紧张，笑不出。"

"看着摄影机，那就是你的观众，大家都很友善地跟你学……"周先生现在是香港电台中文台台长，他当时很耐心地指点我，但同时也很坦白："这个节目只做 3 个月，收视率高，有赞助商，才会继续。"

好大压力，对我是很大的挑战。

电视台停播一个节目很平常，但对我影响太大了，可能从此就没机会再教烹饪了。

大约过了两个月，有一晚，我心情很坏。

还记得那个晚上特别冷，因为一连录 6 集，准备了很多材料，而且为免吃得太饱会打瞌睡，没吃什么东西。

心情低落，一直录，一直录，录到最后一集，很晚了，我不由自主地说："我在这里教煮菜，已经有一段时间。其实我常常觉得只是自己在对自己说话，不知道有没有人在看。假如真的有人看，你们又是喜欢的，请给我一点回应。"教烹饪时间说不准，有时要闲聊几句避免冷场，没有预先写讲稿的，那一晚，是突然有感而发。

一个星期后，我又到电视台，监制叫住我："喂，亚洲电视未试过收这么多来信！"他指着一个麻包袋："全部都是你的，你拿走啊。"

吓我一跳！

我那时录影，带着一个红白蓝袋子放材料，当晚就用这袋子带了一些信回家，其余的下次再拿。

坐计程车回到家，孩子全睡了。我从电饭煲掏点冷饭，掺了点热水，当泡饭吃，随手便在信件堆中，挑了一封字体最漂亮的，拆开看：

"你为什么对自己一点信心也没有？我看过你教煮菜，天天都看，我的朋友、我的教会朋友，都有看。如果你不相信，在你节目播放的时候，去一般的住宅大厦或者公屋，每一个人都在看，你就会听到自己的声音。如果你喜欢，可以打这个电话找我，我们都支持你。"

署名是杜太。我读完，觉得很奇怪，再看别的信，也是说支持，那时才相信——真的有观众喜欢我。

那个晚上，很感动。

我没有哭。心底里的感受，可以比流眼泪更深厚。

第二天，我打电话给杜太说谢谢。她非常高兴，问我要电话："我不会骚扰你，但想跟你能够联系。"

杜太后来时常鼓励我，我们很难得地成了朋友。她退休前是胡文虎的秘书，学问很好，写得一手很漂亮的中英文，长辈一样地疼我。

　　她有时会替我出主意："你应该请我做经理人！""我自己都饿饭，你来，我们俩就只得一口粥！"我笑着回她。

　　杜太晚年时得了癌症，心想日子不多了，不要麻烦女儿，就要求医生让她回家几天，独个儿把全部家当都收拾好，连电饭煲也一一送给教会的朋友。谁知回到医院后，竟然没事，出院那天她打电话给我的小女儿，请她买一张被子——她连被子都送人了！

　　把生死看得开，是一种智慧。她过身时，我在新加坡工作，她女儿打长途电话给我："妈妈临终时提起：走时，想带着你写的烹饪书，问你可不可以。"

　　"当然可以！"我回答。杜太一直都和我分享她的生命，我怎会介意？

　　收到杜太的信不久，《午间小叙》就得到第一个广告赞助商：李锦记。时间刚刚在节目开播两个半月后，因此可以继续播下去。后来我替李锦记销售不少产品，心里总觉得老板李先生是我的恩人，对他是随便买一个广告，但对我是很大的转变。之后广告和赞助商陆续有来，一度要排队才能赞助"午间小叙"。

回想节目能够受欢迎，一来是幸运，二来是我走对了路。

当初我答应每天播一集烹饪节目，唯一的条件是：菜式是由我决定。以前电视台比较多是教鲍参翅肚等名贵菜肴，可是有钱吃鲍参翅肚的，就上街吃啊，在家哪里会吃这些？

我煮菜的原则是：经济、好吃、好看，当然还要有营养。

教的都是一般家庭主妇容易做到的，我在家，也是这样子煮饭，有好些厨房师傅回家不煮饭，但我不是师傅。我到今天，依然会下厨。而且我很明白作为一个主妇，最不想见到一个菜煮完后，厨房像是打完仗似的，要费时间去清洁！

但是简单之余，我也会花一点心思，令菜式稍稍有点特别，例如佛手瓜，香港人一般都拿来煮汤，但我觉得可以做得漂亮一点、好吃一点：佛手瓜细细切好，形状可以随自己喜欢，条状、棱形都可以，但不要粗粗大大的块，然后略为出水。家里的冰箱总是会存着一点瑶柱，把瑶柱泡水，蒸熟。拿一个碗，瑶柱拆丝放在碗底，再排上佛手瓜，接着整个碗拿去蒸，因为事前出过水，很快便蒸熟。把汁先倒出来，整碗瑶柱佛手瓜倒扣出来，再把汁打芡，淋在上面——工夫不算很多，材料也简单，但上桌，好看又好吃。

有时候我也会用一些香港人少用的材料，例如上海的白米虾，三块钱就一大包，我教观众，可以买一块钱，或者买一整包在家存着，用来煮豆腐加葱花。

我跟餐馆的师傅不一样，他们从小在科班学起，师傅如何教，他就如何做，不敢变化；餐馆工作也很辛苦，大厨二厨三厨分工很细，做"执码"（集配材料）的，一定不会去"落镬"（下锅炒菜），下了班，往往不想再煮饭，也很少会看书找资料。我不一样，喜欢想新点子，这也得谢谢我爸爸，小时带我去很多地方，告诉我很多食物的故事。

节目播出后去上海店，老板笑着说："你啊，别害我！顾客都来买一块钱白米虾，好心下次就介绍一些贵的！"

可是当主妇，就是要懂得节省啊。

还有一次教"锅仔叉烧"。其实变化就是这样来的：用新的煮法处理常见的材料；借用一些地方菜的烹调方法和食材；还有把传统的菜式简化。那次我就是教观众如何在家用中国锅做叉烧。

我也没记住节目是什么时候的，播放那天刚好上街市，肉台小贩"埋怨"我："你对观众说12两梅头肉，个个师奶便像看中医买药一样，都指定要 12 两，我们唯有全部切好一份份让人买！下次说多一点点，行不行？"

我觉得，做任何事情，关键之一是要懂得触摸对方的心理。比方烹饪，一个人学了一件事，往往会想表演出来，学了一道菜，就会想煮给丈夫、男朋友或者子女吃，如果花了钱、花了时间，却失败，就没信心再试了。

看电视节目的，主要是一般主妇和不太懂得烹饪的，最要紧是观众看了我的示范，都可以成功煮出来。

学烹饪的人，有时会不明白，像我以前在烹调班，有学生会说："呀，我想学炸油条！"我会回答："你学了炸油条，但不会天天在家炸油条，而且学炸油条的过程也不容易。"我自己也觉得不适宜在堂上教，就会婉转地拒绝，学炸油条，不如学做饺子。

《午间小叙》的导演后来对我说："我不担心你，你太投入了，一开录影机，感觉你所有东西都忘了，仿佛眼前就只得一班观众，所以你的亲切是很自然的，不会做作。这是别人没有的。"

也有不少观众告诉我喜欢听我闲话家常，孩子爱听我喊他们"宝贝"，其实我没有多想，感觉是现在我教你做菜，就是真心地告诉你，我的感受，或者你也会有，我会和你分享。

比方我也是母亲，很自然会说："孩子到了一定年纪，有时也会顽皮，但回想我们年轻的时候，也会有这个心态，如果代入他的年纪，就不会很生气。"

其实没有刻意去说，很多时甚至是无意的，录节目一连 6 集，如果早计划了说什么，反而太刻意，计算成为局限，自然一点，感情是最真的。

这也和性格有关吧，我这么多年都为人所接受，是因为我从来不会像一些主持人的态度：我煮的最好吃！我懂你不懂！这样子，目的是抬高自己。但漂亮是别人赞的，成功与否，也是要别人肯定的，不由自己去说。

想象调转位置，如果有人这样对我说——真受不了！

　　李锦记是第一个在我节目卖广告的公司，心里总觉得老板李先生是我的恩人。

　　我很少跟观众交朋友，跟杜太的缘分实在难得。她家里煮了好菜，总会请我去，如果我没空，便叫人送过来；在她家吃福建薄饼，她一定会亲自包给我吃。可能因为我自小没有妈妈，她的宠爱和关心，令我很感动。

　　不少观众喜欢听我闲话家常，小孩子爱听我喊他们"宝贝"，我没有多想，在观众面前，我只想真心告诉大家我的感受。

　　我的助手焕姐做事很认真，又好学，我们一起合作了11年，新加坡的观众也晓得她。我们都是妈妈，一起经历了很多事情。

第七章
路上遇到天使

焕姐曾经是我很好的助手，帮了我足足 11 年。我是一个妈妈，她也是一个妈妈，所以我俩感情很好，不仅仅是雇主和雇员的关系。

当时我在电视台的事业站稳了脚，需要一个固定的兼职助手，人家便介绍她来。我说："帮我工作很辛苦的，上电视台前要准备好材料，放工（下班）可能已经是凌晨，不过不用天天上班。"

她只是很简单地回一句："'人工'好就行了。"于是我就给她较高的报酬，举例说，当时请兼职若是 200 元，我给她500 元，比一倍还要多。当时她也没有经验，但我的想法是：要好，就要给钱，助手一定要能帮我忙，因为她的工作效率直接影响我。她听见薪水数，便答应。

焕姐只念过 3 年书，不太认识字，"不识字，不是你的错，可以慢慢学。"我并且说了个故事：我们家刚到香港时，请了一个工人完全不识字，但买东西，一样能记账，买一个地拖，就画一个地拖，然后写上数目字！你看，困难一定有办法解决。焕姐慢慢认字，后来非常懂得读食谱。

我也带她到经常光顾的菜档肉台，告诉她：宁可买错不要放过，不要为了少少东西来回跑市场。准备材料，她不懂得切，我叫她留给我，看我如何切，下一次便懂了。

后来我有机会去新加坡录烹饪节目，焕姐也一起，人家给我坐商务客位，她就一块坐商务客位，头等，就一块坐头等，也一同住大酒店。她很用心，带过一次路，就可以自己出入牛车水市场买菜，准备所有节目需要的材料。

我从来不骂助手，我相信缘分，这样多人，为什么你会来跟我做事？可能就是一种缘分，那我也会珍惜，为什么我要令你不开心？相处过程中，彼此慢慢磨合。对人刻薄，其实是对自己没有信心。

焕姐有 4 个小孩，丈夫开汽车，因为两人都没念很多书，心愿就是 4 个孩子都能念大学，她帮我，就是希望赚多一点钱给孩子。

我很尊重她这一点，但我没有说出口。

我们两个嘴巴都硬，我对她好，她就说："不用对我好，我帮你是因为你给的'人工'好。"我也会对她说："不用对我好，因为我们只是工作，拍档罢了。"两人都不想领对方的情！

有一次我在新加坡病了，发高烧，只能回酒店休息，夜深，还依稀听到焕姐担心地和导演在谈话，我们住套房，有共用的小客厅。第二天早上，她居然能去酒店的厨房煮东西给我吃。

"你昨晚不知道是吃错东西，还是太累。我也怕外面的食物有味精，所以自己煮给你吃。"她解释。

"你干嘛对我这样好？我们两家是钱银关系罢了！"我故意说。

"是啊，但我坐你的船，不想这船沉掉！"

我们相处很好，焕姐做事利落，又值得信赖，当时在新加坡电视台，有些广告赞助会付现金请我写食谱，我在做节目不适宜收钱，焕姐便代我收下，几个赞助商各自给多少，她都清清楚楚，晚上说要给我，我都说不必，因为我相信她。

后来焕姐4个孩子都考进大学。有一回她告诉我：心疼大儿子读书读得很晚，便用手摸摸他的脸，叫他早睡，儿子马上说："摸什么！你的手那么粗！"

她好难过，说给我听的时候，几乎要哭了。

我说："你真没用！应该跟他说，我的手不粗，你怎能念大学！"

"如果我这样说，不很伤他心吗？"

"伤什么，要让他知道！"

她不作声。

我们一起出门，我知道她什么时候生日。她曾经说小孩子生日，再没钱也一定张罗煮东西，就算多一粒鸡蛋也好，但她自己的生日，他们都不记得。

我就趁她生日前，打电话给她儿子："你妈妈快生日！那晚你们要和爸爸说好，妈妈一回家就和她上街食饭。你们每一个都要出点钱，但我'包底'（出大头），我的预算是200元，会寄支票给你。不够可以告诉我，但不许告诉你妈！你知道吗？她好疼你们！"她儿子说好，那时200元不算少，我再补一句，"你们每一个都要出钱啊！"他们有的还在念书，不过都有做兼职。

焕姐那年生日，好开心！

她不知道我在背后做事情，过了很久才知道。知道后她好感动，我揶揄她，轻轻带过："感动什么！一天感动几十次！"

焕姐好可爱。她在新加坡，有英文名 Wendy。她说要学英文，我便教她："Hello, Yes, No, Ok, Thank you!"我们在新加坡，最初一两天都会开会，不会录影，焕姐没事做就带毛线去编织，我看了就给钱她跟旅行团去玩。我一到新加坡就是工作，一直做到上飞机，当地的景点是好多年后才有机会去，焕姐反而都玩过了，有一次还拍了照片！我好奇："怎么你懂得叫人拍照？""我看到有个外国人，就说：Hello！照相机给他，拍好了，就说：Thank you！"

又有一次，我们本来要回香港，但有事情延迟了，但手上的现金不够用，银行开门的时候总是在开工，当时提款机信用卡也不普遍。我和导演占美合作很久了，都是直话直说的，很合得来。

我问占美："你向阿妈借点钱吧！"

"不行，我已经进了黑名单！"他一听就摇头。

"真是衰仔，那你银行有没有钱？"我再问。

"你真笨！如果我银行有，怎么还会跟阿妈借？"

"我的钱都垫支了，能不能跟公司预支？"

"新加坡电视台是政府部门，要复核完单据才会付钱的。"

我跟占美你一句，我一句在商量，焕姐在旁边织冷衫（毛衣），看见我们两家好惆怅，居然开口说："我有。"

"在哪里？"导演马上问。

焕姐指指裤子有扣针扣着的暗袋："我有4000元，最初跟你来新加坡，老公说万一走失了，还可以自己买一张机票回家。"

"借来吧！"占美说，焕姐一拿出4000元，占美便一把抢过去，焕姐又抢回2000元："我只借一半！"

第二个晚上完成所有拍摄工作，我和十多个工作人员去庆功，已经是去唐人街很便宜的菜馆，焕姐还是很紧张。人家叫啤酒，她说喝水好了；点鸡，她又抢着说半只就行！我还没叫完菜，她就把我拉到一边。

"你干什么？今天人家叫菜你老插话！"我不明白。

"嘿，我只借你2000元！"她细细声说。其实后来整顿饭，不过吃了100多块坡币。

回到酒店，好累，我就跟占美说喝东西。焕姐更紧张了："跟你们两个做事真是提心吊胆，昨天还愁没钱，今天就一直吃！还有明天呢？”

我说不用紧张，明天钱应该会批下来，她还在唠唠叨叨。

"不要紧，你还有 2000！"我故意刺激她。

"我不会再借你！"她好认真！

第二天，果然收到钱，我和导演特地不跟其他工作人员一起，只带焕姐到当时的高级餐厅五月花。

"我们感你恩，你要吃什么都可以！"我对焕姐说。

她想了想："我想吃一碗'碗仔翅'。"

占美马上叫了来两碗鱼翅，我不吃，还以为是导演也想吃，但他对着焕姐说："不，给你两碗，打孖上（双份）！"

焕姐又好感动，我说："吃啦，一天感动几十次！"

我和占美合作无间，唯一有一次为工作安排吵架，在录影室，双方都不睬对方。突然焕姐哭了。

"你哭什么？你是我的人，当然帮我！他死了也不用理！"我在气头上。

她还是哭："大家合作这么久，不要啦，会给别人笑的。"

"你只说我，不说他！"我就不理她。

才第二天，我跟占美没事了，他开玩笑对焕姐说："我啊，不想你哭，才跟方太和好！"

焕姐后来因为先生身体不好，要在家照顾，才没再帮我。

在我事业的路途上，遇到过很多人，有些人曾经令我很不快，甚至有退出的念头，可是也有一些是我心目中的"天使"，使我在烦恼的时候，依然能够坚持下去，除了焕姐和杜太，还有几位烹饪班的学生和我很有缘分。

其中一位是戴安娜，她是广府人，丈夫是上海人，爱吃家乡菜，虽然她在家不必天天煮饭，但一直很希望可以懂得煮上海菜给丈夫和夫家的亲戚吃。

我觉得她很有志气，便替她写了一张菜单，并且保证教懂她做每一道菜。别小看写菜单，家庭用的炉头不多，身为主人也不能一直躲在厨房，要懂得安排。而且广府人和上海人的口味不一样，要煮得一手好菜，还得连带明白地理环境、生活习惯、菜肴的历史和背景等，我们无所不谈，很投机。

半年后的中秋节，戴安娜在家里亲手做了9个菜宴请家婆、小姑、小叔等，大家都赞赏不已。

我们到现在还是好朋友，戴安娜更是我几个孩子的干妈。

还有一位刘太，从港灯家政中心到超群烹饪中心，都一直参加我的烹饪班，我最先只是对她点点头。

直到一天下课后，刘太仍在报名处，办公室的小姐不断向她推销课程，刘太却指着我说："只要是她教的烹饪班，我都报名！"

我好感激！

有次上课，刘太和同学说起自己炸的芋虾与别人不同，同学都很有兴趣，我便邀请她下一堂示范。

原来刘太不用一般的磨丝刀，而是用菜刀来切芋丝，因为这样会比较硬身，而且每条长短亦容易控制。然后，每一件芋虾还加了一两片芫茜，一来芫茜藏在芋丝中间，炸时不易变黄，一点翠绿很好看，二来也散发香气，感觉没那么油腻。

"做女人和烹饪一样，要细致才会得到欣赏。"刘太一边示范一边说。

她曾经新年前买了40斤芋头来做芋虾！细心地炸好——放进瓶子，再由几个儿子去送礼。

有一次我生病，刘太带补汤来我家。我喝汤的时候，她很平静地告诉我，自己证实患上癌症："听说人死后，都会到另一个世界，如果这样，我就可以跟丈夫一起了。"刘先生英年早逝，她一直都很挂念。

有一天，我在新加坡工作，小女儿告诉我刘太走了，我很难过。刘太跟杜太一样，都带着我的食谱陪葬。

印象难忘的，还有大昌汽车的黄太，父家夫家都有家底，可是非常和蔼可亲。我有时自嘲："有钱的太太学烹饪，没钱的太太教烹饪。"黄太听了总是笑，但她会体谅。

　　很多年后，我在电视台教烹饪，有位名人的媳妇要我上门教，一般我是不愿去的，很浪费时间，但那次不由得我不去，就答应了，但事先说明要收钱的，对方也说没问题，谁知去之前，刚好遇到黄太，她一听，就说："你很难收到钱！"

　　我愕然，说好给钱，没理由不给，然而亦很少太太会这样直言。

　　"我也学好了。"黄太也认识那媳妇，还顺道开车接我。当时我还以为她真的有兴趣学，但心里也奇怪：黄太做得一手好菜，家里还有厨子。

　　教完以后，黄太开车送我走，马上就给钱我："我先替她付吧。"还笑笑说："就当在她的'麻雀数'（麻将钱）里扣了。"

　　我心里面觉得好笑，又非常感激，黄太知道我教烹饪是为生活，但这事做得很体面。

焕姐读书不多，但很好学。到新加坡出差的日子，她把我照顾得很好。

刘太一直支持我，当时每年杂志《方太世界》周年聚餐，都会来捧场。刘太从港灯家政中心开始参加我的烹饪班，她曾说，只要是我教的烹饪班，她一律报名。

戴安娜（右一）是我身边的"天使"之一，她更是我几个孩子的干妈。

　　"维他奶"的老板娘罗桂祥夫人也曾经参加我的烹饪班，教了我很多做人处世的道理。她曾经告诉我，当年结婚的嫁妆包括一大套厨具，后来战乱，她坚持要把厨具带走，请挑夫把厨具放在担挑一边，另一边则坐着几个孩子，可见她多热爱烹饪。后来创办"维他奶"，她开玩笑："屋契（即房产证）比我还要忙！"因为每次扩充生意，都不断把房子用来做抵押，屋契总是在银行进进出出！

　　1985年，新加坡国营电视台邀请我主持烹饪节目《美味佳肴》，一做将近
10年。

第八章
几乎一念之差

1984 年，我除了继续在"亚视"主持《午间小叙》，还在新加坡开始另一个烹饪节目《美味佳肴》。

那时我在香港薄有名声，来到新加坡不容有失，准备很充分；而新加坡电视台是政府部门，很幸福，没有别的竞争。

第一次录影，新加坡电视台说一天只录两集，我说在香港可以录 6 至 7 集，对方觉得不可思议，解释："我们 12 点入厂，两点开始录影，大约 8 点收工。"

这么长时间才录两集？每集不过 10 多分钟罢了。

我第一次，就一口气录了 5 集，而且没到晚上 8 点已经完成。当时有人觉得很好，也有人马上说："你赶什么？"语气并不太好。

我生气，就答："赶着回香港！"

那人还继续说："你们香港人来到这里，把一切都弄快了！你看在马路上走得最快的，一定是香港人！"

"早点下班有什么不好？有太太的，可以快点回去陪太太，有女朋友的，可以快快陪女朋友，你还是领一样的薪水，有什么损失？"我刚工作完，很不高兴，"你以为我偷渡来的？是你们请我来的！"

那人想不到我牙尖嘴利，便没说话。

我一说完，就收拾走了，焕姐说："不要这样说话啦。"

如果我的快，令对方减少收入，就是我不对，但现在是对方没有做足准备啊！

"想欺负我，难了！"我对焕姐说。

我做事一向都很快，可能因为急性子，也不想让导演浪费我的时间。在亚洲电视，我是出了名的录影一次过，试过两点开工，8 点收工，6 个小时连录 8 集不停。

有一次锅铲掉进油锅，有些人就会需要重头录影，但我马上说："你看，拿锅铲时手里不要有油，不然就会掉下去，不过不要怕，慢慢这样捞出来便可以了，只是要小心烫。"录完，导演说："你好嘢！"

为什么新加坡电视台会请我呢？听说，是新加坡的老板来香港，刚巧在电视看到我，就问有没人能联络我。当时丽的电视很多旧同事去了新加坡电视台，我心里也想去新加坡，移民美国、加拿大都太远，新加坡在东南亚，又说华语。

我在新加坡，也很下工夫，知道当地喜欢吃辣的、甜的。烹饪节目不能够只是自己以为好吃，还要迎合当地人口味、知道市场卖什么，因为回教徒不吃猪肉，所以要避免全部菜式都用猪肉，虽然华人也吃，但多一点用海鲜或鸡肉。然而天天煮当地菜，还用看你这外地人做吗？所以我也会变化菜式。

头几集《美味佳肴》录好了，但到了剪片，新加坡电视台又说没有房间，要等。

那也是我跟占美第一次合作，他是马来西亚怡保人，刚从加拿大大学毕业，便到新加坡负责导演我的节目。

我就对占美说："我从香港来，不想无功而回，你是第一个节目，也想有表现——这次我不是来工作，而是来'打仗'。要做，就要做到最好。"事先跟占美声明，就是要他知道我的要求。走到这步，怎样也得做出成绩来，不然怎有颜面见江东父老？

结果《美味佳肴》播出后，大受欢迎，一直做了将近10年。

我和占美，也成了在新加坡的"最佳拍档"，连同焕姐，感情好得像家人。

其实初到新加坡的那段日子，我刚刚正式离婚，心情很差。

有一晚只有我一个人，工作完了，一个人回酒店，8点多，下着微微雨，自己一个人在乌节路走，遇到一个卖雪糕的小贩，就买雪糕吃。那小贩还认得我，跟我打招呼："Hi，Mrs Fong！"

带着雪糕回酒店，突然之间非常落寞，做人都不知道为什么。辛苦了一辈子，竟然在这个年纪才闹离婚，好像一切都落空了。

香港和新加坡，两边的工作压力都好大，很怕做不出成绩来，可是做得好，又不过如此。

眼泪一直掉下来，突然之间，想死。

如果我在这里，一定死得去，因为没人在身边，明早占美来接我时，已经太迟。死了，一了百了，反正没有什么东西想要……电话响起，吓我一跳！

是小女儿的声音："妈妈，我考试出成绩表了，老师说我考得很好，赞我！你吃了饭吗？"

"吃了。"

"我也很乖，自己弄热了饭菜。"小女儿很敏感，"为什么你的声音不开心？"

"没事。"

女儿继续谈家里的老猫、一些生活的琐碎事情。"我很累，明天再打电话给你。"我只能这样回她。

放下电话，心里满是感慨：做人不能太自私，如果我真的死了，对孩子影响太大！

一转念，就放下了，洗澡睡觉。

第二天，面对排山倒海的工作，人前人后都得扮没事儿的，很辛苦。下班后，占美和我一起吃晚饭，在车上他问我怎么像有心事似的？

"我离婚了。"说完便一直哭，说不出话来。

他什么都没说，只是继续开车，就在市中心不停转了半个小时。

我哭完，心情稍稍平伏。占美便像没事一样问："你想吃什么？"

一整顿晚饭，他都说笑话逗我开心，"你不要死啊，我没试过要运'咸鱼'（尸体）回香港！"一起打拼事业，经历患难，我心里，早把占美当是自己的儿子。

回到香港，把酒店的事情告诉小女儿，她还没听完便搂着我大哭。我更加抱歉，答应她，会好好生活下去。

刚去新加坡，我就觉得很奇怪：为什么烹饪节目没有赞助商？

监制告诉我："新加坡电视台是国家电视台，国家有钱，不必靠广告。"

我嘴里不饶人，就说："是吗？我不知道这世界有人嫌钱多的！"

这句话传到顶头老板，他就找我谈。我解释找赞助商支持节目，是香港的做法："但你们有钱，不需要啊。"

"你不问问那些工作人员，薪水是从哪里来？"老板一听便这样说，接着问："你有把握带赞助商来吗？"

"多就不敢说，两三个可以试试。"我心想，当时香港李锦记和乐声牌的产品都是我代理的，这两家在新加坡都有市场，杨协成公司在香港也有赞助过我，应该不难开口。

我在香港问了，他们就给我新加坡的联络人，很顺利，《美味佳肴》就有赞助商卖广告。

当你没有广告，没有人会想来卖广告，电视台的市场部也不会去拉广告。可是我的赞助广告一出，别的商家看到原来可以这样，加上节目受欢迎，也纷纷来赞助我！《美味佳肴》一度是新加坡电视台最赚钱的节目。

在新加坡有没有招人妒忌？

当时没有人主持烹饪节目，都是找厨师轮流客串，我没有抢别人饭碗。香港和当地作风不一样，起初会有磨合期，但我也会做人，总是请所有工作人员吃下午茶，当时没人有这样的派头。

我也是看到新加坡电视台好大，饭堂好远，如果每个人都去吃茶点，不知道何时才能齐人回录影厂。我便叫助手买回来，坡币 50 元，折合港元才 150 元，已经够所有人大吃——有茶有水有甜品，自然工作顺利！

晚上 6 点多便放工，如果合得来，便一起吃饭，当然也是我付钱。

赞助商的食物也是随他们拿，以前每星期录影，李锦记都会送六箱蚝油，用来洗澡都洗不完！我总是叫手足拿走，留下两支录影便行。

我一向愿意去见赞助商，这本来是市场部的工作，有些人会觉得吃亏，但如果我的节目多广告，电视台有收入，我的地位就稳了，而且赞助商找我当代言人，也会有收入。

有一次，亚洲电视市场部和一个美国食品公司谈来谈去，都没谈成，我就亲自跟市场部经理去跟对方开会。

一大清早跑到观塘，大家又约错地点瞎等半天，我只喝了一杯咖啡，会议一直谈到 11 点都没结果，好讨厌，下午我又有事情。

我终于发火，跟对方说："你收声（住口），你和谁在说话？无大无细（没大没小）！"

全场静了。

我就作总结，把事情概要说一遍，客气地问："是这样子吗？"

气氛缓和下来，事情也定下来了。

事后我亦害怕，当时不知道那里来了一道气，冲口而出，如果对方不理，我也没办法。

一走出那家公司，市场经理就说："锡晒你（爱死你）！"

"行开啦（走开）！"我还在火，我们平时很熟稔的。

"我请你吃日本菜！"他说。

"吃你个头！走啦，各奔前程！"我说完便走，那赞助商的产品资料我都查清楚了，我做过功课的。

很多时候，我比市场部更"心水清"（清楚）。像一些不是最高档的电器品牌，人们以为我不会做代言人，但我知道对方有很多产品，能够代理一件，就很容易代理其他的。

大公司不容易谈赞助，但谈成了，一定有开支预算；私人公司容易谈得成，但会很计较，最好"买叉烧送猪骨"。

我便会帮助出主意："不如你印烹饪书，派给电视的观众，我帮你写稿，收便宜一点！"对方觉得有着数（划算），我又再多一点入息（收入）。

后来离开亚洲电视，我也建议客户自行制作我的烹饪节目，然后买电视台的播出时间。乍听好像开支多了，但我解释："那就拥有影片的版权，可以在不同的电视台播，而且还可以印制光碟。"对方就答应了。

其实当产品代言人，压力很大，会担心没有效果，有次去内地宣传罐头汤，一直很紧张，直到对方说："销路比中秋好四倍！"我才放下心来。

所有产品我都会先了解，不好的，不会当代言人，无谓讲大话啊。一是直接拒绝，一是开天杀价，让对方不会接受。

如果是相熟的公司，我会坦白说出来的。比方某老字号的新产品，我会说："某先生，这产品不很好，你可以卖，但我猜不行，原因是……"

做人要有性格和尊严，你懂得卖东西，可是我晓得主妇的心思，看见不妥说出来，才是"自己人"。

假如产品卖得好，我会说："你好嘢！真够运！"如果不能，就鼓励："我们下一次，再做好一点吧！"

赞助客之间会有竞争，像食品节，大家碰头，我答应了一家当代言人，可是另一家相熟的，也找我去拍照，我去，但也会拉着两家一起拍照："你们都是大商家！"

然后私底下跟拍照的一家说："抽奖就不能帮忙了，我有合约在身。"

这些食品公司，不都是在大埔工业邨？我去拜访客户，也会顺道探朋友。

做人要世故，更要公正。不可以把别家公司的事情说出去，我出主意，心中有数，不会叫两家都办烹饪比赛，有冲突，大家都没钱赚！

本来我没有很多工作经验，但很简单，"穷则变，变则通"。

我尝过贫穷。钱不是万能，但万万不能没有，钱买不到快乐、爱情、健康，但都有帮助。挣到钱，也不敢乱花，更不敢炒楼炒股票什么的，因为输了没有人会帮我。香港还没有回归前，也不知道局势会如何，总念着自己有 5 个孩子，一定要做好准备。

如果在电视教烹饪，永远不会赚到大钱，一定要和商业搭上关系，小女儿本身从事广告业，也给我很大帮助。

有些人不明白，教烹饪的会去做私房菜，我不会做这种事，那一围桌子的价钱，买不到我陪笑打招呼，还要拼命赞自己的菜好吃！

我也不会发展自己的品牌，那一定要和别人合作，太烦了。例如水饺，手剁比较好吃，但大量生产一定要用机械，味道就差了，顶着我的名字，又不能完全作决定，还可能有食品安全问题。这种钱，我就宁可不赚了。

很多人烹饪技巧比我好，但我知道自己的路怎样走。

　　1985年9月12日《美味佳肴》试映招待会，这节目一度是新加坡电视台最赚钱的。左一为导演占美。

　　占美（Jimmy Chee）到了今天，仍然叫我"老妈子"，我刚开始还曾经不高兴——"老妈子"在北方是指佣人，但他对我像母亲般亲切。

　　我的小女儿，也爱叫占美"新加坡大佬"（大哥）。

　　这是占美在马来西亚开车带我去吃咖喱鱼头，虽然坐在街边天气很热，但大家都很开心，刚有新的赞助商支持我们的节目，我的男朋友也来看我，就坐我的旁边。

　　我和焕姐都喜欢吃榴莲，买了偷偷放在酒店冰箱，为免香味传出来，还特地严严地包好。

　　乐声牌（松下）最初推出微波炉便找我当代言人，当时还要上课学用，后来还连续举办多次微波炉烹饪比赛，由我当评判。

　　我不会发展自己的品牌，那一定要和别人合作，太烦了。但人家用"方太"做品牌名字，也是一种赏识。

　　写食谱也有技巧，在家里做饭和教人煮菜是不一样，材料要写得清清楚楚。写食谱初期，我是依着自己写的食谱煮一次，避免有任何误差，后来食谱写多了，就手到拿来，很快又写好一个。

第九章
每月 100 个食谱

我最忙的时候，一个月要写 100 个食谱。

天天都教煮菜，到底怎样设计菜谱？

这个问题，太多人问过我了，但当你知道这是工作，身边很多事情就会留意：逛街市、逛超级市场，眼睛看见的，都是材料；去旅行，吃到什么，都是教材；还有不断看书，健康、医学、营养学等，都是题材。有心思，便能发掘，天下这么多能吃的，不同配搭就是不同的味道。

写食谱也有技巧，在家里做饭和教人煮菜是不一样，材料要写得清清楚楚，比方说虾仁炒蛋，一个家庭一般算 4 个人，估计要用 3 个鸡蛋、3 两虾仁，但街市不会卖 3 两虾，就要写小虾 4 两拆了肉，便有 3 两。我最初在落笔之前，还会试煮一次，发觉盐"半茶匙"好咸，就改"三分一茶匙"。

不少人喜欢我的食谱简单，容易跟着煮，因为我很小心把步骤写清楚。有些人写法不连贯，写了第三个步骤才去提第一个，我懂煮菜，知道这样是不行的。虽然没有写文章的经验，也没有学历，但我看很多书，而且可以一边写，一边学，烹饪方法这样写好唠叨，就删减一点，每次重看重改，用心便有进步。

其实食物的题材也很多，包括气候地理环境和习俗，为什么四川菜会辣？因为四川是盆地，很湿，人们是为了健康吃辣。而且因为盘地很少鱼类，但中国筵席不能没有鱼，所以古老的做法会放一条木鱼，做一个很香的酱汁淋上去。上菜时，客人吃不到鱼，但嗅到好香的味道。后来人们用这酱料烹调其他菜式，就叫做"鱼香"，其实里头根本没有鱼。香港吃的"鱼香"，已经不是昔日的标准了。

我1980年开始出版食谱，1984年出版杂志《方太与你》，内里的文章又结集成书，总共已经出版了超过100本书，现在还继续有跟出版社合作，未来会出一些健康的食谱。

说句笑话：我的兄弟都到外国念书，我没念过什么书，但出书最多。

　　我要谢谢前明窗出版社总编方良柱，他很早便找我出书，当时我拒绝了，因为时间忙，又怕收不到钱，他说：那明年再打给你吧。过了一年，他居然再找我，还很有诚意地约在酒店吃午餐。

　　方良柱是君子，非常平和，给我的感觉是值得信任，我们还谈得来，我就答应了，他建议第一本写《鸡鸭鹅》，第二本写《鱼虾蟹》，然后《猪牛羊》，于是由1980年开始，一本一本地合作下去。

　　一般书本首印2000本，我的书，一版便是10000本，最多的时候，一年可以收到40万版税。有些题材还是我第一个人写的，像《三十分钟开饭》。

　　我到现在有跟方良柱还是朋友，他做事有条理，虽然站在公司立场，但同样也会照顾我的利益，很公道。后来他移民，我们每年还会通电话。

　　1984年，《方太与你》出版了。

　　那时除了出书，每天电视烹饪节目也会派食谱，写信来拿的观众好多，我心想不如自己出版杂志，就找到一位相识的编辑合作。

　　最初杂志用最少的人力物力，没想到销量好好，创办号3

日内便卖清，双周刊可以卖 40000 本，不简单！合作第四个年头，我就说大家都赚到钱了，不如把杂志做好一点，例如封面改用胶面，内里多一些彩页，我的想法是没本钱就尽量省，但赚到了就应该做得好一点。

但编辑不同意："现在也不是不赚钱啊！何必还要投资，提高质素反而减少利润！"

"质素提高，或许能卖得更好？"我尝试游说。对方可能觉得杂志升格，只是标榜我个人，他收入却减少了，观点不同，迟迟不肯改革。

以我的性格，便决定离开。第五年，我要走，那编辑很愕然。我一走，就有财团找我，多谢梁玳宁穿针引线，让我有机会和施养德合作，当时他的出版社养德堂，出版的杂志好漂亮！

我已经加入养德堂，但《方太与你》的编辑还继续出版，并且还用我的名义、用我的口吻去写文章，不过不用方任利莎，而是"方太"！这真是钻法律的空子，"方太"不是我独有的，不能注册。

为了对新公司交代，我唯有打官司。

世事应当有公道，虽然我是一个女人，可以好怕事，可以不出声，但这事没有道理！怎能为了赚钱冒用我的名字？

新老板倒不太介意，笑我"劳民伤财"，指新杂志办得漂亮，《方太与你》迟早便会"自然死亡"，但我怎能容许等到"自然死亡"？

我很执意要公道，而且新公司已经在地铁卖我加入的广告，虽然公司没说花了多少钱，但我不想受人恩惠，如果我过来不会令你赚钱，何必要令你花钱？

官司最后和平解决，不过也有段插曲：

养德堂本来为我出的杂志叫《方太世界》，但负责注册的职员忙着结婚，《方太与你》那边知道了杂志的新名字，就连忙抢先注册，结果名字不能用。

施养德知道了这件事，大发雷霆，但他也很聪明，马上加上"任利莎"三个字，变成《方太任利莎世界》，英文是《Lisa's World》，这就解决了问题。

我编写杂志内所有的食谱，除了烹饪方法，还有很多食物背后的故事，其他副刊篇幅，则由记者编辑等负责。

《方太任利莎世界》出版了 10 年，1999 年养德堂卖了给南华集团，我不愿继续合作，便不再做杂志了。南华集团问我，会否介意他们的饮食杂志叫《Lisa 味道》，我说："不介意，汪明荃的英文名都叫 Lisa 啦！"

这些都是"街外钱"（外快），他拿他的，我拿我的。

人一定要长大，工作经验是积累回来的，早年曾试过给别人拖账的委屈，令我对电视台以外接的工作分外小心。说到底，我做事也有原则，比方支付酬金，我的要求是开工前先收一半，完成后马上给另一半。

很多年前，试过一次向广告公司追讨酬金，每次上去，都说负责人不在，或者刚刚离开，好多次！大约到了第六次，又收不了，离开时坐电梯，刚好只得我一个人，在电梯的镜子里，看见自己的样子好难堪！

我恍然大悟，对自己说：干嘛这样 upset（不安）！现在是上去收数（收账），不是借钱，为什么你的样子像跟人借钱！

没错！我在干什么？是他不对，不是我不对！

心里决定：下一次再收不到，以后都不做人！

还有从今以后如果我是有实力，一定不会被人"走数"赖账，我答应自己。

过了 10 天，再去又说没有，我说："对不起，今天一定要收到，因为你们拖了很久，我上一次才醒悟：我是来收数，不是借钱，才几千元，你们凑也得凑出来。"

就收到了。

自此我会对客户说:"对不起,不是不相信你,但我和自己下了一个誓言,一定要先收一半报酬才开工。"

有一次拍家具广告,特地到沙田,还自己带化妆师,因为没有冷气,热烘烘地拍了一天,那也没什么好埋怨的,因为是自己答应了的工作,对方事前也给了一半酬金。一直拍到6点,终于完工,我要求那剩下的一半酬金。

居然没有,说管钱的先走了。

"如果你不付钱,半段影片给我。"我态度很坚决。

对方呆住。

"这是你的问题,不是我的问题,私人支票我也收。"

他们唯有找了一张私人支票,填上一半酬金给我。

我拿了就请化妆师吃饭。化妆师问:"明天支票会兑现吗?"

"不兑现,告上法庭!"我答,"就算酬金不够打官司,也要打,不然哪里顺气!岂有此理!"

也试过一次是会计的问题,有一家合作很久了,就持熟卖熟,明明答应了先给一半,拍完再给一半,合约写明了,可是没有给钱,当没事儿的。

过一阵子打电话来通知：明天几点进厂。我说还没收到上期酬金，对方说不关他的事，自己只是负责通知。

那我就不去了。

第二天电话很急地打来，接电话的是我的女儿。

对方问："方太在哪里？"

"在家啊。"女儿回答。

"在做什么？"

"油指甲。"

"我的天啊！全村人都在等她录影！"

女儿连忙告诉我，我接过电话，说："合约写明先付一半钱，没有给，我以为取消了。"

"我的皇帝，怕了你！我们这样熟！"

"人熟礼不熟，现在是做事情。"

对方马上开车来接我，到了，便送上一张支票，也是只得一半，要拍完才有另一半。对方计数亦清清楚楚，怎怪我有要求？

女儿知道后说："服了你！"

"不然怎么办？气到爆血管？"我答。

我好守规矩，试过报价报错了，当时要顾太多东西，一下子说出来，对方马上答应，回去一算，才知道计错数。我便打电话告诉对方："是我计错数，这次算了，但下次就不是这个价钱。"

而且我很尽力，收了对方 10 元，会让对方感觉买了 11 元的东西，又快又准，贵一点都值得。

少数一次收不到钱，是科网泡沫的年代。

科网发展最热时，查小欣负责 Show 8 网站，签了一年合约，但 10 个月泡沫就"爆煲"（破产）了。

做这一行，大家都讲义气，义气有两种：一种是吃江湖饭，要有江湖儿女的义气，请你做工，并通消息告诉你价钱可以抬高一些；第二种，当对方不行时，还执着合约，那就没有义气了。

查小欣也是迫不得已，对我说："当我欠你一个人情！"

其实每一集，我都说好要收到钱，不然下一集，我就"自动消失"，所以一直都收到钱。可是就是最后一个星期，导演说，下星期有一场球赛，会很忙，请我帮忙录多一集，让他下星期可以有时间制作球赛的短片。我也有义气嘛，就一连录了两集——谁知接着网站倒闭，那额外拍的一集收不到钱！

导演还是我介绍给查小欣的，我一直都提醒他要收到钱。

科网热期间，导演买了一架新车，有天放工，他坚持要送我：
"试试我的新车吧！"

"我哪有空！"我好想回家。

"那两个车轮你有份的！"他说："走一转都要啦！"

我就上了他的车，还泊在糖水铺外，一边吃糖水，一边欣
赏新车，是很开心。

科网爆破，导演跟我说车卖了："我卖掉车子赔你！"

我当然不要他赔，但也气死了，骂他："你信不信我杀咗
（了）你！"

查小欣也不知道这件事。

几年前还有替报纸写食谱，对方没问过我便把食谱结集在
周日送给读者。我很生气，故意夸大语气："你知道'死'字
点（怎么）写？"

对方道歉，并且赔了一笔钱，可是我再也没有替这家报馆
写稿了。

和施养德合作很惬意，可以说，是他把我推到另一个境界层次。

每年杂志聚餐，都有读者签名会。

和小女儿一起拍档编辑《方太任利莎的世界》。

这几本最先出版的烹饪书，已经再版超过15次。

　　烹饪节目受欢迎，连带电视台的工作也不断"加码"，某年运动盛事直播，电视台还要我介绍宵夜煮法。那段日子，我的工作堆积如山，喘不过气。

第十章
拉尽了的橡皮圈

1989 到 1999 年，是我最忙的 10 年，每天不到凌晨两点不能去睡，早上 7 点多便得爬起来。

身上好多合约，都不容有失。

我要每个老板都觉得：我是最紧张他的工作的。不可以对杂志老板说：因为上星期我要录影所以脱稿。你录影关别人什么事？我永远也不会在别的老板面前，说别的老板的事，更不会让老板怀疑你接那么多工作，能否干得来。

一次我去新加坡工作回来，亚洲电视制作部已经决定《午间小叙》把节目改名为《方太生活广场》。

我当时很反对："怎能这样？没问过我！"我一点也不想如此张扬。

"有什么不好？我们已经通过，你又还没回香港！"制作部这样回答，我作为员工，没法反对。

《方太生活广场》有现场观众，煮完菜还会现场试吃，与观众聊天，并且会访问嘉宾。我一方面觉得要做访问，工作增加，但另一方面亦令我学到好多东西。

例如节目会访问医生，就要事先看书备课。工作人员也会准备资料和问题，可是因为他们年轻，有些问题好幼稚，我不得不自己准备，而且专家一来，会录影多集，要懂得分开不同的主题。

我喜欢学习，偶尔也会建议：不如下一次我们访问皮肤科医生？女性着重皮肤，找医生好过找美容师。史泰祖医生就是我先请上电视的，当时他刚从加拿大回来，有医生朋友介绍他给我认识。

访问最重要，是代入观众心理，我会问切身的问题：女性生了孩子，脸上会有斑，如何补救？代入了观众的位置，自然懂得发问。

有的被访者也很紧张，我曾经访问一位医生，他因为担心忘记答案，一直不停地出错。我问他为什么要背稿？

"我怕说错话！"他说。

"可是愈怕说错，愈错得多。"我告诉他，"不如你忘记是在录影，就当自己在应诊，反正看病时，也不能预先知道病人的问题啊。"

他听了就轻松下来，顺利地把节目录完。

《方太生活广场》也播放了超过 10 年，我记得 10 周年那一集，工作人员还在节目中送我一枚金牌。

这边厢忙《方太生活广场》，那边厢新加坡的《美味佳肴》也得经营，再加上出版《方太任利莎世界》，一个月要拍两套食谱的相片，还要撰写烹饪书，一到新年印刷厂放假，并且要提早存稿……

有次赶着去新加坡，另一位助理燕姐一早来我家，待会一起坐飞机。我很多东西在准备，录影 10 集节目加上见客，光是安排衣服已经七国一样乱，开了门，回过头，房门锁上了——我还穿着睡衣，要赶下午的飞机！

才早上 8 点，哪里找人开锁？我不知道哪里找到螺丝刀和铁槌，硬把门锁凿烂！

赶到机场，我对燕姐说："你想吃什么自己叫，朝廷不用饿兵，但我就不要了，烦到快爆炸！"

上到飞机，燕姐静静地给我一碗粥，什么话都没说。

在新加坡，录影压力也很大，回到酒店燕姐再端一碗东西给我喝。

"不喝！"我依然很烦躁。

"喝啦，对你好的。"燕姐劝我。

就喝了，才一口，苦到要死！"什么来的？"我问她。

"莲子心茶。"

"还嫌我不够苦吗？"

"你的火气就快烧掉全间酒店！给你下火的。"

忙到这个样子，我也没请过经理人，怕烦，叫得人来，自己已经做完，而且写菜谱也没有人能帮忙。

有些人喜欢埋怨工作忙，但我从来不讲这些，因为你不是做义工，是甘心情愿的，人家给了薪水，就是你情我愿。我在亚洲电视这么多年，只请过两次假，一次是失声。我打电话给导演："我声音哑了，你听到吗？"

"全世界就等你一个，怎能失场！"他很不高兴。

于是我只好上班，录了一集，导演说："你这样的声音，节目怎能播出街？"

"早说了！"我就回家了。另一次是腹泻，不得不告假，20 年来就这两次。

有次持续发高烧，医生也不知道是什么事，小女儿怕得哭了，医生说："我觉得她好像一条橡皮圈，拉得太尽了。"

1999年，真的太累了，我终于开始退下来。

天下没不散的筵席，见好就收。那一年杂志社转手，我不再想与新公司继续合作，结束了《方太任利莎世界》。

同一年，《方太生活广场》也告终，当时电视台内部太多问题，并且要求减薪酬，我就不做了。

记得1999年3月8日，录影最后一集《方太生活广场》，虽然有传闻说节目会被取消，但一直没有人和我交代，我也就如常工作，做完节目，所有工作人员都依依不舍，纷纷来跟我拍照。我那时也没有伤感，只要有缘分，总能再重遇。

从前身"丽的"到"亚视"，我一共待了20年。

其实电视节目每3个月便会有变化，并且随时会被外界批评，我做了20年也会恐惧：能否一天比一天好？好大压力！

有人问过我，怎么一直待在"亚视"？最初，是当年"亚视"的妇女节目比无线电视台的受欢迎；后来，我有合约在身，也不能过档；再者，我在"亚视"的形象太过深入民心，有记者朋友说笑："就算在'无线'见到你，观众都会以为自己转错台！"

也有人请过我去演戏，但我从来不觉得自己是艺人，不过教煮菜罢了。

　　有次在去新加坡的飞机上遇到黄百鸣，寒暄了几句，过了几天，有人打电话给我，说黄百鸣想找我演一部戏，我说我不适合。

　　"可是他说，和你说好了。"

　　"没这回事。"我答得很干脆。

　　"不是闲角，是做刘德华阿妈。"对方继续游说。

　　"对不起，港督阿妈我也不做！"

　　刘天兰也曾经叫我演一部电视剧，我也拒绝了，后来演出的是冯宝宝。

　　我自觉不适合演戏：第一片场品流比较复杂，我听不惯别人在耳边说粗言秽语；第二拍戏要捱更抵夜（折腾到半夜），其实也辛苦，我那时又做杂志又出书还有两地的电视节目，根本分身乏术。而且儿女也长大了，我不想有天儿子在吃饭，然后有人指着电视："你看，你阿妈给人打了一巴！"

　　我不批评别人，香港是很畸形的社会，每一个烹饪节目都有不同的对象，所以便有不同的做法，不能说好坏，但《美女厨房》《苏Good》等，严格来说都不是烹调节目。

有时也受不了一些节目主持大呼小叫的，鸡有鸡味，有什么出奇？如果鸡有橙味就得人惊（很吓人）！

有一次遇到一位今天仍在电视台教烹饪的主持人，一看到我就说："你真好彩（好运）！能够赚这么多钱！"

"你看到我的钱包吗？"我就这样回答。

对方继续说："又能够这样出名，太幸运了。"

我一时间，说不出话来。其实任何事情，太刻意，效果都不好。

若然有人觉得我成功，只是因为我勤力。

直到今天，我最开心就是这么久没在荧光幕出现了，人们在街上见到我，还是很亲切地说跟我学了不少。坐地铁，又会有人走上前说："好喜欢你的菜，又简单，又容易煮得好吃！"

曾经在又一城，一班青年人一见到我就跑过来，吓我一跳，她们说："方太可否跟你拍照？我要拿回去给妈妈看。我吃你的菜长大的！"我很感动，妈妈学懂煮菜，小孩也就能吃到好菜，多好！

还有一趟坐计程车，司机说："我太太是你的拥趸（粉丝），不过她做菜没你好吃！"

"你也没尝过我做的菜啊！"我回答，"应该鼓励太太，如果太太肯煮饭给你吃，好过去打牌啦！"

"可是真的不好吃！"那司机还是抱怨。

"假如是太咸，就说：'很好吃，只是咸了一点点，下次放少一点点盐就更好了！'她下次一定会煮得更好！鼓励她吧，两夫妻就是这样走过来。"

司机连连点头。

"这样，你也会多一些好菜吃！"我再补一句。

做妈妈，当妻子，作为家庭主妇有时也挺苦闷的，如果下午可以看电视免费学一些东西，晚上又可以煮给家人吃，很值得鼓励。

看几分钟电视便晓得煮，真是好叻（聪明能干），我当初还要交学费跟师傅学呢！

不过有时我也会很尴尬，有次在地铁，有人走过来："哎呀，真好！今天遇到你，我想问怎样蒸萝卜糕？"我说，"真的不好意思，赶时间。"连忙下车，地铁一开，我都不知道自己在哪个车站，问人才懂如何坐到目的地。

蒸萝卜糕，怎能在车上教？

又有另一次坐计程车，司机问："咕噜肉怎弄也不好吃，到底要怎样煮？""你还是专心开车吧，看路啊！"我心想：

在车里怎教你做咕噜肉？

　　司机还是继续说："我老婆天天看你，好喜欢你！"

　　"好吧，带我回家养吧，我吃很少的！"

这些年轻人每次开工也很兴奋，因为每道菜色示范完后，都会给幕后工作人员一起吃，他们后来索性在饭堂买好白饭，等节目都拍好了，再围一起大吃，一顿饭往往吃上两小时！站在我旁边的女孩，后来是郑丹瑞的太太"沙律"。

　　我热爱工作，最初是因为没有安全感，后来愈来愈喜欢，因为从中找到成功感，也建立了自己的朋友圈子。

《下午茶》15周年，主持包括鲍起静（左二）、梁淑庄（左三）和邓碧梅（右三）。

　　我后来怎知道自己的人工是全"亚视"最高之一？话说有位老朋友跟"亚视"高层吃饭，谈起我，对方说："方太和董骠是全台人工最高的！"

　　李菁和贾思乐，都曾经和我一起主持妇女节目，因为晚上要录影，常常在饭堂吃晚饭，两人常常斗嘴，嘻嘻哈哈很开心。贾思乐当时有点担心做妇女节目会被定型，我不时开解他。

后来"亚视"的《女人·Com》，也有请我去客串，主持人仍是鲍起静。

　　《方太生活广场》还访问过我欣赏的歌星罗文。罗文真的唱得很好，所有歌都好听！他开演唱会，我还上台献花，他开玩笑："我唱得这么好，都是因为喝了方太的汤！"大家起哄，我说："声音那么美，喝不喝汤都唱得好听！"

文化界的依达也是我的嘉宾之一。

　　我喜欢看蔡澜的文章，就请他上来《方太生活广场》做嘉宾，他做一道菜，我做一道菜，第一次他做"蔡家炒饭"乱七八糟，不过大家聊天很开心，第二次上来煮蟹，只放一只蟹和一堆盐，把我的镬烧坏了！

　　我们熟了，经常和倪匡一起吃饭，谈得很痛快。

　　蔡澜在我心中是"汉子"，他说话负责任，有义气，我第一次去马来西亚工作怕收不到钱，他介绍一个朋友，说有事可找他，虽然最后一切顺利，但也不是个个肯这样帮忙，我很感恩。他弟弟蔡萱在新加坡电视台当监制，亦很照顾我。

　　蔡澜有学识有学问，阅历丰富，食评写得很通彻，分析得明白。每次有人说蔡澜咸湿（好色），我会不服气：你给他咸湿（非礼）过吗？喜欢靓仔靓女很正常！

　　我唯一客串过知心好友单慧珠导演的片集，我的小女儿（右上角）也有一起出镜，李怡在戏中饰演我丈夫。

　　我和单慧珠很有缘分，20多年来，无话不谈。1984年看到她拍的《天生我材》，我便说："这个女导演真有才华，有机会认识便好了。"刚好有朋友问我："你工作的烹饪中心可否借出来拍戏？"原来就是单慧珠想租用，大家就成了朋友。我们像前世已经认识似的，她住沙田，我送她回家，但我们没谈完，小女儿就一直开车绕圈子让我们谈。有次在酒楼打边炉，谈到所有客人都走了，伙计都来问我们几时离开。单慧珠是感性的人，我一直欣赏她的才华。

　　挖尽心思设计菜式，但我从来不会着意打扮自己，我不卖外表，骄傲地说一句：我自己便是"名牌"，不需要名牌的衣饰。在香港录影节目，都是自己吹头化妆，不去有工作人员帮忙的化妆间，以免多是非。

　　在新加坡，有一次我太累，工作人员帮我弄头发时睡着了，醒来居然看到自己的头发一大个圈金光闪闪！

　　"不漂亮吗？"那工作人员还说。我赶紧要她洗掉！

　　我很爱孩子，也因为从小就亲身感受到妒忌的可怕，以及心中无爱、不懂得爱的可悲，正因为这些经历，教会了我的孩子懂得爱，珍惜爱，并且肯付出爱。

第十一章
我的宝贝

孩子是我生存的力量，是我生命花园的花朵，工作压力再大，我也会为了孩子，撑下去。

我有 5 个孩子，5 只手指有长短，但都是连着心的。

哪一只受了伤，心都会痛。

5 个孩子都爱我，虽然性格各有不同，表达的方法不一样，在我眼中，都是"宝贝"，凡是可以为他们好的，我都愿意，这份爱是不望回报的，就像种花，天天浇灌，有没有要求明天一定要开花？没有。但照顾得好，就会开花。

我那个年代不懂避孕，也不能说不生小孩，三四个，甚至七八个孩子，都是平常的。生了小孩，很难出去工作，只能等在家里带孩子。带孩子其实比上班更困难，没有下班时间，没有薪酬，也没有同事。而且做母亲，是没有学校可以进去学的，一切只能靠摸索，从中体会领悟。

最初，我对孩子的管教比较严。5个孩子家务事很多，年纪又不同，生最小的女儿时，大儿子12岁，二子10岁，大女儿6岁，二女儿5岁，各自需要的照顾都不一样，如果没有好好训练，给他们一个良好的生活习惯，我就不可能有自己的时间。

很多父母太宠爱孩子，那是自讨苦吃，自己找事忙。我最小的女孩才4个月大，便戒掉夜奶，晚上8点喝完最后一顿奶便睡到天光。

早上就是一罐奶粉、一包面包、牛油、果酱，每个孩子自动自觉吃早餐。天天做不同的早点，又要煮粥，又要个别特地准备什么的，那是笨人才做的事。

大儿子自己上学，二儿子带着二女儿出门，我就为小女儿洗澡、喂奶，玩一会，趁着女儿睡了马上去买菜，11点饭煮好，女儿也醒了，喂完奶，丈夫正好回家吃午饭，吃饭时我跟女儿谈谈话，玩一回，然后就让她睡午觉，这时赶快洗衣服熨衣服打扫家里，下午小孩放学回来，可以跟小女儿一起玩，我便可以走开去煮饭，8点钟一家大小都吃完饭：小女儿睡觉，其他儿女做功课，我便可以看书，待所有人都睡了，终于就可以做自己的事——

深夜是我最珍惜的时间，这一刻，是一整天辛劳的回报和慰藉，我甚至不舍得睡。我会看书，写信给移民了多伦多的爸爸。

孩子可以训练，时间可以安排。你让他习惯了早起，自然就会早睡，习惯 8 点吃饭，7 点半就会饿。最重要，是建立习惯。我本来就是性急的人，5 个孩子令我做事更利落，生活不容许手脚慢！所以后来可以上电视办杂志写书等等身兼多职，是"训练"有素。

出来工作后，我更刻意要求孩子独立。

小女儿 7 岁的时候，我才刚开始教烹饪，她却患上慢性盲肠炎，吃了两天药仍不见效，一定要入院做手术。

我送她到医院，她在计程车上哭，我心中焦急，也想哭，但这是于事无补的，我冷静地搂着她："阿宝，你是我的宝贝，我的命，我爱你多过爱自己！但有许多事是我没法为你做到的，像你生病，我就没法代替你，一定要你自己去应付。不过我会照顾你，医生也会照顾你，其他就要靠自己了。你要学怎样战胜病痛，我相信你一能够做到。不要哭，哭解决不了问题。"

她在我怀中啜泣:"可是,妈妈我很害怕。"

我很心疼,还是硬着心肠说:"那你就再哭3分钟吧,3分钟以后我不要再听到哭的声音。"然后我把一切需要注意的事和病情知识,都清清楚楚告诉她。

第二天早上我到医院,看到小女儿扶着床,慢慢走,她才7岁,小小的人儿——但她一看到我便说:"妈妈,我的坏肠割掉了,医生说我可以起床小心走动,这样会帮忙新陈代谢,很快便能好起来!"

我也很着重教育孩子孝顺,说起来,有一件傻事:

我知道丈夫的父亲早过身(去世)了,但葬在哪里?偶然谈起,才知道骨灰一直放在棺材店,由于没人交租金,一直没理会。

我那时一心想要教育子女,现在回想起来可真笨死了!

我叫丈夫找到那张存放骨灰的收据,去到那棺材店,我当年才20出头,不敢进去,就在门口说:"朋友托我来问的,有这件事吗?"

棺材店的人说:"那家人都不理!去哪了?"

"去了上海。"我撒谎。

"要找找看。"棺材店的人找了一会，才在阁楼找一个全是灰尘的盒子，问我："是你帮他们拿吗？"

"不是，只是帮忙问问。"我当下也没主意，自己也没有钱。

他说："你拿走吧，封一封利是（打个红包）就算了。"

我说要先回去想想，回到家里，也不知道骨灰要放什么地方，可是想想，这是我儿子的爷爷，不能这样不管。那时候大儿子可能上学了，也可能是小儿子才六七岁，还不知道害怕。我就用几十块封了一封利是，再带着小儿子去棺材店。

"你别怕，我们拿点东西回家。"我对小儿子说。

小儿子把骨灰捧回来，我放在柜顶，心里跟那盒子说："你别有什么担心的，是你的孙子带你回家啊。"

听老人家说，骨灰不宜放在家。那时我好喜欢看《新晚报》，里头有一个答问信箱，就寄信去问，居然回复我，说可以找东华三院。六十年代几百块就可以租一块地、做一块碑，我就和丈夫的姐姐凑钱，把他们的爸爸下葬，就安了心。

小儿子长大了，有时也去拜祭，有一年要去新加坡工作，突然告诉我："真奇怪，我做梦见到爷爷的坟，就开车去，居然找到，我马上去买烧香等东西，再回去拜祭。"

后来他工作，发展很好。

5个孩子，家里难免拮据，我从来不向外家求助，那些钱，收了也难受，比方说：我不过用了一块钱买肠粉吃，但如果这一块钱是人家给的，也就可以质问我：你怎能这样花钱！

"穷"不是罪恶，只是环境际遇，何尝有错？"懒"才叫人抬不起头。

孩子读中学时，曾经有家人开口问，要不要资助我的孩子去外国念书？我说回去商量一下，因为读书的不是我。

当我向孩子提出来，他们的反应是："阿妈，我不要一辈子都背着人家的恩惠，你让我轻松一点吧！"

我当时也心想：如果你可以更好好地读书，我又何妨忍一时之辱？但孩子自己有骨气，我就说："好。我们要记住人家也是好意，你不接受，也是好事，但要自己加倍努力。行行出状元是中国的古语，我们的谈话就到此为止，不要再提。"

很欣慰孩子最后都能成才，现在二儿子在美国公司，负责管理整个大陆市场，那么忙，还在念美国大学的遥距（远程）课程，我心疼："儿子啊，你一个星期起码坐飞机三四次，还有时间读书？"

"对啊，我每天起码要看140个电邮！所以我每天都很晚睡。"他笑笑说。接着发现我的二女儿也在读书,她已经是警司了!

"我跟哥哥比赛呀!"女儿告诉我。

你看,孩子都能供自己读书,读书何须怕迟?

我开始上电视以后,儿女也不大愿意别人知道,自己是"方太的孩子"。我也希望低调,不过是一份工作。

有时老师知道了,会问:"你家是不是整天都有好东西吃?"

小女儿曾答:"妈妈煮了什么,我们便吃什么。但当然她煮的东西好吃。"

有一晚我情绪十分低落,工作太多,像是永远都做不完,觉得做人好苦,努力工作,努力进修,努力有表现,可是如此努力,又是为什么?

回家看到二儿子和两个最小的女儿,那时候工作忙,一整天也见不到儿女一面,三天也没法好好坐下聊天。每次见面,儿女都争相说自己的事情,当妈妈的应该帮忙分析,给意见,自己心里的事情却不能说出来。

但这晚,我冲口而出:"等你们都有了归宿,我就隐居了!"

小女儿不以为然："只有没去过沙漠的人，才会幻想带着背包去沙漠，你那么爱朋友，爱热闹，现在不过一时工作压力太大，心情烦躁罢了。"

二儿子反问："你怎可以隐居？舍得不看我们的孩子吗？到那时候，你喜欢怎么过日子都可以，工作、朋友，都属于你的。"

二女儿却说："我明白你的意思，你尽了应负的责任，无论选择怎样的生活方式，我都会支持你。"

我听了心里一惊，原来不知不觉间，他们都已经长大了，不再是孩子！虽然仅仅几句话，却看到各人的心意和想法，儿女都明白事理了。

矛盾的是：儿女真正长大了，我偶尔在睡梦中，又会心酸地怀念那段喂奶换尿布的日子，看着孩子熟睡的粉脸，摸着那温馨的小手，看见他们笑了，多辛苦，都情愿。

成人了，就得面对人生种种难题：就业、恋爱、婚姻……这些都得由他们自己去面对。有时明明觉得有些事是不应该做，是会受到伤害的，但儿女还没亲身经历过的，永远也说不明白。这时无论多希望把他们抱在怀里，挡住风雨，已经不可能了。

小女儿第一次失恋，就让我很苦恼。

她一回来就把自己关在房间，那时候刚好是年三十晚，我敲她的门。

"我没事！"她不肯开门。

"没事也开门呀！"

她坚持："没事！"

"没事就开门。"我也不罢休。

开了门，我看到她在哭，就搂着她，好心疼。

"不如由我开口跟他说？"我说。

"不要！"

"我也知道勉强也没用，但我不想你这样伤心！"我也忍不住哭了，她看见我哭，便说，"你别哭，我想通了，今天是年三十晚，只有我们两母女，干吗要在家里哭？一起去吃饭吧。"

那时候大女嫁到法国，二女在英国受训，大儿子和亲家团年，二儿子在新加坡，只有我跟小女儿，我们后来好像去了一间酒店吃"团年饭"，过年只有两个人，刚坐下时还有点尴尬。

"阿妈，不是每样事情你都可以帮忙。"女儿说。

我听了好难过。

"我 7 岁割盲肠时，你已经对我说：你很疼我，可是帮不了我。"

　　真正的长大，就是会经过眼泪的洗礼，当母亲的，只能在心里默默祝福。

　　结婚3年便生了两个男孩，当时年纪还很轻，妈妈说我："三岁抱两岁"，意思是我自己都还是孩子，却要负责起如此大的责任，有时心情不好，想了更觉委屈；我10余岁时尚且有工人照料，自己的孩子就没有。父亲看穿了，特地带我到海边散步，说："有母亲照顾的孩子，才是最有福气的，100个工人也抵不上一个母亲。"我才释怀。

　　大女儿抱着小女儿，小女儿今天还记得小时候我出门了，哥哥和姐姐轮流照顾她，拿我的照片给她看，让她别哭。

3个女儿的个性和喜好都不一样。

　　我一直到了生了小女儿，才知道如何与孩子相处，她一直在我身边，也最知道我如何一路走来。

　　小女儿和我之间的感情很特别，除了母女的深情浓爱，有时她也像我老气横秋的老朋友，会以旁观者的身份来解我烦忧。我们经常都会冲口而出，说了同一句话，也非常知道对方的心意，如今她虽然到北京工作，但每次回香港，还是跟我一起住。

都说"三岁定八十"，大女儿当年只得四五岁，已懂得自己装扮配搭，喜欢学大人穿高跟鞋。

第十二章
爱你的另一半

　　大女儿被施南生发掘表演唱歌，然后参加丽的电视"慧眼识新星"，与顾纪筠、倪诗蓓等同时出道，1980年曾经在电视剧《风尘泪》担任女主角，和朱江演对手戏。

　　我当时已经在电视教烹饪，可是一点也不喜欢女儿进娱乐圈。我在电视工作是无心插柳，不卖样子漂亮，又不必应酬别人，但当女主角不一样。大女儿当演员没半年便息影，结婚生子，婚姻却很快触礁。

　　1982年，她带着女儿到北京的港资制衣厂工作，一天，告诉我认识了一个法国人——我几乎跳起来，吓到要昏倒！

　　"法国男人只宜调情，只可以做男朋友！"我好担心她一错再错！

可是很快，我就接到这位法国人的电话。他是外交官，很欣赏中国文化，懂得说汉语，说想约我喝茶。我心想，也好，看你何方神圣。

他单刀直入："我很喜欢你的女儿！"

"那你知道她的过去吗？"我也不转弯抹角。

"知道。我两年前在香港见到你的女儿，觉得她好漂亮，好喜欢，但有人说她已经结婚了；然后这次在北京，竟然重遇，别人说：她刚刚离婚，我觉得有机会，马上追求。"他很认真地说，"我真的喜欢她，想跟她结婚。"

"结婚本来只是一个形式，但我是一个典型的中国人，我有儿子，不想以后儿子出来，被人说他妹妹如何如何。"我这样回答。

后来他们在巴黎结婚，女婿特地走上前对我说："我答应你的，都做到了。"

2008 年，他俩庆祝结婚 25 周年。

大女儿刚嫁到法国，第一次写信回来。我收到信，要赶去工作，迫不及待便在计程车上拆开，只见四张信纸写满小字：报告生活情况，身为外交官的太太，有很多工作和应酬，除了学语言，还要懂外交礼仪，字里行间，又充满对家人的牵挂和爱意，我看第一遍眼睛已经湿了，看第二遍时更忍不住哭出来——大女儿终于长大了，真正走上学做小妇人和母亲的路了！

"方太，是不是不舒服？要帮忙吗？"那计程车司机原来是《午间小叙》的捧场客，我当时真尴尬。

大女儿在我身边 20 多年，第一次写的这封信，终于让我放下了心头大石。

我也衷心地感激这位法国女婿，他真的懂得爱，更懂得珍惜别人对他的爱，大女儿和外孙女有他，我很放心。

儿女的婚姻，最叫人担心，却也最没法担心，因为实在很难给意见，最终相处的不是你，每一位结婚时都想白头到老，都不想有事。我只能再三叮咛：每一个人做事都要承担，自己的决定，自己承受后果，所以一定要考虑清楚。

"因为我很爱你，我也会爱你的另一半。"我总是这样对儿女说。

没多久，大女儿就在法国生下儿子，女婿问我会不会来，我心里很想早早飞过去照顾她，可是却狠下心，迟一点才过去。

大女儿生第一个女儿时，有菲佣照顾，还有我和兄妹帮忙，这次我就想，一定要让她自己认真面对，不然她不会成长。

外孙出世了两星期，我才去看。大女儿忙得不了，小婴孩一直哭，她就一直抱。我们一起吃饭，婴儿车也得推进厨房，大女儿一边吃，一边用脚推着小车，不然没可能安静片刻。

"把孩子放下吧。"我终于忍不住说。

"听见他哭，怎吃得下饭？"大女儿回答我。

"什么时候听过小孩会哭死？"我说。但大女儿还是放不下，于是我把婴儿车推到房间，关门。小孩马上大哭！大女儿马上吃不下。

"我也疼他，但你听到儿子呀呀声吗？就因为你不让他哭，婴儿出生要哭，肺部才会长得好，阿妈不会害你的！"我解释，女婿也劝她吃饭，这一顿，大女儿吃得极为忐忑。

婴儿还在子宫里的时候，和母亲非常贴心，出生后环境不一样了，但内心还是很需要母亲抱得紧紧的，所以一抱便放不下。不是说不能抱，可是要让婴儿知道有些时候要独立，这很重要。大人要给婴儿养成习惯：比方吃完奶就会有人抱，但抱完就要睡觉，几天下来，婴儿很聪明，就会晓得，但如果给婴儿知道一哭，便会有人抱，那一定会哭个不停！

20 分钟后，婴儿不哭了。累了，便自己睡了。

过一阵子，传来哭声，我叫女儿别管，过一阵子，又安静下来。

第二天，我还是由得外孙哭；第三日，女婿说："妈妈，马爹利的声音好像开了！"

我的孙子叫 Martial，是法语，我觉得很难念，就叫他"马爹利"，那是金牌好酒啊！这成了他的乳名，又亲切，又可爱。

我留了 3 个星期，但最后还是尊重大女儿教孩子的方法，因为她才是他的妈妈，我只可以给意见。她始终不忍心。

"我知道没有小孩会哭死，但我不舍得呀！"大女儿说。

所有女人都有母性，就看你如何可以理智地发挥。不过这小孩也是她第一次一手一脚带大的，感情很好。

小孙子两岁时，女婿升职调到日本。日本和香港距离近了，我们都高兴，但从法国搬到日本，可真是繁琐：要先把巴黎市区房子里的东西，搬到郊区自置的房子，再收拾寄往日本的家具，家务助理都辞工了，大女儿带着两个小孩，忙得不可开交。但又贴心地，计划前往日本时，来香港住两个星期。

在香港机场接机一刻，我才知道大女儿和女婿有多累！小孩又不习惯时差，气候和饮食，真的可以用"倒泻一箩蟹"来形容。两人忙坏了，脾气亦变差，仿佛夹着一个计时炸弹，一方有少少不妥，便会即时爆炸。

我冷眼旁观，心里着紧（紧张），夜里想了又想，睡不着觉。第二天，我开口建议大女儿，先把两个孩子放在我家，一个星期后才送去日本，大女儿和女婿先到日本安顿下来，并且可以过二人世界的生活，稍稍透透气。

女儿和女婿便先走了。那几天，孙子从早到晚都在找妈妈。这两岁的小男孩会很有礼貌地站在我面前，叽哩咕噜说一轮法语，然后就流眼泪。外孙女帮忙翻译给我听，他说的是："求求你，带我去见妈妈，带我去见妈妈，带我去见妈妈……"

刚开始还觉好玩，听多两遍，念经一样！

我开了电视给他看《龙猫》，看到其中一段妹妹找妈妈，他就大哭，哭完又要求重播，又再哭哭哭……一个早上重播几次，连"龙猫"都累！

有一晚，我受不了，把他关在厕所，但我自己也陪着他一起，他大哭！

"Ok，you want to go out？（好了，你要出去吗？）"我用

简单的英语问他。

"Oui，Oui!（是，是！）"他哭着用法文答我。

"Ok，stop crying！（好，那别哭！）"他不哭了，谁知我一开门，他又马上大哭，我连忙关上门。

"Now I stop my crying（现在我不哭了），婆婆。"他真的不哭，但一出厕所就说一定会告诉爸爸！

"好啊，一定要记得告诉爸爸啊。"我心里觉得好笑，他乖乖洗完澡，上床了，还不服气，继续说要告诉爸爸。

"好啊，晚安！"我答。正好这时女婿打电话来，我把事情说出来，女婿就叫孙子听电话。

"所有人都听婆婆话的！"女婿说。

"所有人吗？"孙子反问。

"对！婆婆是最大的！"

"你呢？"

"我不听话，婆婆把我关在厕所也没办法。"

孙子听了，就对我说睡觉了，晚安。自此便好乖，直至在日本机场见到妈妈才委屈地大哭！

教小孩，要有办法，像孙子只肯吃意粉，我们去吃日本菜，他一看食物就哭闹。我便叫了一碗牛肉乌冬，把乌冬捞出来，放在盘里加牛肉，他就吃了。小孩子，怎懂得分乌冬和意粉！孙子现在19岁，在大学念经济学，还记得我把他关在厕所的童年丑事。

大女儿的女儿是跟前夫生的，小时候我会对她特别关心，因为她妈妈还年轻不懂事。我们全家都很疼这淘气小女孩，姨姨舅舅都忙着为她编排节目，带她吃雪糕、去游乐场、学画画、学跳舞……

我在家里的时间，多数做文书的工作：写稿，编食谱，"小淘气"一来，问题多多，害得我不能工作，但她一跟妈妈上了北京，我又着实想念她。

这小淘气试过穿上我的围裙，用玩具餐具做菜，还用一张椅背，当做电视机。"我在电视煮菜！"她说，那时才两岁。

我并不想子女或其他亲人像我一样教烹饪，只是觉得小孙女真可爱，但当我看到她瞧瞧电视的歌舞节目，便能模仿得像模像样，心里可是一惊，香港虽然繁荣，偶一不慎，也是年轻男女的陷阱。

很欣慰孙女3岁时跟着妈妈到了法国，成长得很好。再回香港时，已经开始懂事，会照顾弟弟。她现在在法国汇丰银行做顾问律师，跟继父关系非常好。

　　女婿退休了，仍然住在北京，从事中法贸易。我不时会去探望他一家，很享受大家一起吃早餐，女婿每天早餐前都打太极。

　　"你啊，不知道他也有古怪的地方！"有一次大女儿这样对我说。我嗅到了醋意。

　　"我不理他有优点也好，缺点也好，我疼他只因为你，如果你没有跟他结婚，他睡街边也不关我的事！"我说，"我疼他，只想他疼你。"

　　女儿就不作声。

面对从小到大都爱打扮的大女儿，我们常取笑她"小妖精"。

大女儿一度在娱乐圈工作，令我担心不已。此照片里的她当年才十六七岁。

大女儿与女婿当年在法国举行婚礼，我自然亲身出席，分享他们的喜悦。

我的法国女婿是难能可贵的可爱男人，不止聪明有爱心，还有智慧有思想。

　　二女儿从小立志要当警察，有次占卜的人说她"天生捉贼寇"，教她开心了好一段日子。

第十三章
警司的警司

　　二女儿从小就跟大女儿不一样。大女儿小时已经好爱漂亮，喜欢戴头饰，挽手袋，穿我的高跟鞋，可是二女儿会戴皮带，拿手枪——才4岁就说要做警察。她从小便像男孩，我5个孩子，就她一人不懂煮菜！

　　二女儿直等到19岁才去投考警察，可是刚好大感冒，考不上，回来哭了3天，一直喃："冤枉啊！都是因为感冒！"喃了3天，我好烦，忍不住发脾气："再说，我打你！"当时有人介绍她当空中小姐，她不肯，宁愿读多一年书，第二年再考。

　　"好，可是如果又考不上呢？"我问她。

　　"再考！"她答得很坚决。

我心想：糟糕，这么死心眼。好在第二年她考上了。

二女儿和姐姐妹妹都不一样，记得她失恋，在床上哭，我也是很着急。

"你不用怕，我不是有了孩子！"她对我说，因为那时我整天挂在口边，不要未结婚先有孩子。

"我不怕，就算有了孩子也不用怕。"其实我心里怕死了，硬着头皮说，"你说出来啊，阿妈会有方法解决。"

"都说过了，不是有孩子！"

"那你到底做什么？"

"他同时有四个女朋友！"女儿终于说。

女儿的男朋友跟她同期毕业，最初一起守一间差馆，但后来分开去不同的地方，女儿刚刚进了 CID（刑事侦缉队）部门。

"一个是查案时认识的，是风尘女子；一个是女警，另一个不知是那里认识的。"女儿把男友的情人，逐一告诉我。

"三个？还有一个？"

"不就是我？！"

"你怎知道？"

"你不知道我做 CID 吗？不懂得去查他？"

我心想：撞鬼你，做 CID 去查这些！

她一直哭，很伤心，我唯有劝："这男人现在已经这样，就算结了婚也很麻烦。"

这件事之前，那男孩就说要订婚，我问："为什么不结婚？"

"因为我没有钱，打算先订婚，年底才结婚。"男孩这样回答。

"那你不是要花两笔钱？"我一问，他就没吭声。

"我们上海人不流行订婚，迟点才说吧。"我不答应。

女儿生我气，我就跟她说："他家里有空房子，订了婚一定叫你跟他住！我到时就很难开口，于是就会同居不结婚了！他不如干脆说想跟你同居，别说订婚！你自己想想，女孩子，结婚也就是一次，你想不想同居便算？"

女儿不作声，事情就搁下了。

然后就发生了四个女朋友的事情。

"忘记他吧！"我劝女儿。

"怎可能？"她仍然在哭。

"大家姐在法国结婚，不如你陪我去？"我的用心，就是要带她离开一会。

在法国待了三个星期，坐飞机回来的时候，我说："别让我猜中，你男朋友一定会来接机，还会带一大束花，你千万不要心软跟他走，我们回家。"

她没作声。

到启德机场，果然见到他男朋友带着花，他马上很亲热地拉着她的手，说："我有车，送你们回家。"

"我们也有车，不用了。"我就把女儿拉上二儿子的汽车，她花还是收下了。

回到家里，我说："你自己做决定吧。"女儿已经出来工作了，我只能提意见，不能强迫什么，其实太亲密的人，往往会忘记了尊重，但我尊重她。

女儿最后决定分手。

两人交往，一定有感情，决定分开当然不开心，父母在这时候，一定不可以说风凉话。

二女儿之后跟一位英国大律师拍拖。他来我家坐，知道我教烹饪会用菜刀，我乘机说："你不可以和我女儿上床，不然我斩了你双脚！"

他一听，就非常好笑，也许觉得你这个 old lady（老女人）不知想什么，但我还是很严肃地说："我们中国人，不可以有这种事情。"

他就认真地回答："我不会。"

他们拍拖一段时间就分手。有时候失恋就像一个人跌进水里，明知那只是一块木板，也会先抓住。女儿后来还是嫁给同行，女婿退休前曾经当上警务处助理处长，也很孝顺我。

分手后，这英国人还来光顾二儿子打理的"方太小厨"，跟二儿子谈天喝啤酒。

有一天在希尔顿酒店，我约了朋友谈事情，有人大叫："Mom（妈）！"

我一看，是他！他搂住我亲一亲我的脸，然后怪叫："你别斩我的脚，我没做错事！"还在那里跳来跳去，弄得我好尴尬！真是可爱的人，虽然没机会当我女婿，但心里都当他是干儿子。

二女儿当警察，表现相当出色，现在是西九龙冲锋队警司。报纸除了赞她是"警花"，因为驻守旺角警区时严打色情行业，曾经在 11 个小时内拉了 200 多名妓女，还称她做"架步女煞星"，其实没看到她温情的一面。

她守深水埗，一次扫黄后对我说："那些女孩也好可怜，有头发哪个想做癫痫（有办法谁想做这种事）！我对下属说："谁给我知道有占人便宜，任何人都没情讲！"然后每人一个饭盒，其中一个人问：'可不可以要一支可乐？'我就叫伙计买给她。"

刚好圣诞，女儿收到一大盒朱古力，就请这些非法卖淫的女孩吃，每一个都选了，唯独一个女孩看了很久。

"你再不选，都给别人拿光了。"女儿说。

她说："朱古力不是黑色的吗？为什么有一些是白色的？"

她从来没见过白朱古力，女儿很感慨，给她两粒。

有一次，我对二女儿大生气："别再上我家，我的责任尽了！"

我还跟家里的老工人燕姐说："你不要怪我，如果让二小姐进来，我炒了你！"

燕姐哭了："你不要这样啦！"

"我的女儿，我都不哭，你哭什么！"我不理燕姐。

二女儿上来，燕姐真的不敢开门。

二女婿就打电话给我："你不要生她气啦。"

"你乖，是我的好女婿，有空我可以跟你喝茶，但你不要理我们两母女的事情。"我在气头上，把他也骂了，"可是你也有责任，太纵容她了！"

然后我弟弟从美国打过来给我。"咦，有人打电话给我求救。"他还没说明，我就答："你别理我的事，我的家事你别理！"

过了半年，有天二儿子回来香港，约我去喝茶。快要出门口，小女儿忽然哭了，我连忙问她什么事。

"我好难做人！"小女儿哭着说："二哥叫我们去喝茶。"

"对啊，我们现在不就换衣服去吗？"

她接着说："二哥叫我们喝茶，但二姐也会去。二哥叫我不要说，但怕你一看见二家姐，就会骂我是二五仔（两面派）！但我说给你听，二哥又会骂我！你千万不要不去，我不想你生气我不告诉你，但如果你不去，阿哥会骂死我！"

听到小女儿这样说，没办法，就去。我问是谁的主意。

"是二姐求二哥的，说妈妈在公众场合，一定不会发火。"小女儿答。

到了酒楼，一进去，二女儿马上站起来："阿妈我知错了。"

那就算了。

记不起当时是因为什么事情，只记得她说话顶撞我："阿妈，假假地（少说）我在警察局管几百人！"

"那就锁你阿妈回警察局呀！"我很生气。

和好以后，二女儿就形容我是"警司的警司"。

可能二女儿在警队很久了，一些行为处事，不是我们外人能够马上明白的。她也是急性子，现在成熟了，对我很孝顺，也只有她在香港照顾我。

二女儿出任机动部队前的受训毕业礼，后来更任 PTU（警察机动部队，又称冲锋队）大队长。

　　二女儿小时的偶像已是女杀手陈宝珠。我也不晓得二女儿是否像我爸爸，但如果换作从前的年代，她一定参军。

二女儿现在是西九龙冲锋队警司，经常以铁面打击罪案，但她也有温情的一面，每每令人动容。

二女儿天生急性子，性格硬朗好胜，看她的神情就大概知道一二了。

　　检阅那天女儿请我去看，令我十分惊奇，因为我是妈妈，她在我心目中总是小女孩，起初我还有点怀疑她如何能率领操兵，原来她行！

　　我很年轻便生了两个儿子，当时生活拮据，虽然不懂针线，还是把一件大人棉袄拆成两件小孩棉袄给两个儿子穿。在我心中，5个孩子就像5个指头，纵有长短都是连心的。

第十四章
不望成就望平安

我曾经在香港开了一间"方太小厨"，其实我只是当顾问，是我二儿子开的。

二儿子学机械工程，80年代中期，因为香港回归，他工作的英国公司决定撤走，给了他一笔遣散费。

"阿妈，我想开餐馆。"他居然跟我说。

"你又不是干这行。"我即时反应。但他坚持，两个最小的女儿也支持，我说："好，你们兄妹可以凑钱一起做生意，但不可以都出主意。"于是便由二儿子主理，由于用了我的名字，我也是能作决定的顾问。

其实我对做生意，从来不感兴趣，宁可替人打工，因为做分内事，便有应得的报酬；营商却涉及太多问题，曾经有很多前辈好友，邀请我一同经营一些小本生意，我都拒绝。我也很少同意授权别人使用我的名字，例如大量生产的食物品牌，我无法控制品质，不想冒险破坏别人对我的信任。我更不会成立读者会观众会等的，以免别人借机做生意，到时很难退出。

但是儿女开口，能帮的，我都会帮。

用"小厨"是有点心意的，希望做到每一位客人像置身家中的小厨房，用新鲜的材料，不加味精，煮的都是一些家常小菜。

二儿子很落力（努力），除了下厨，几乎事事都亲力亲为。小女儿也帮助，有时哥哥回家休息，妹妹便代班，还记得那时小女儿在念大学，有次急得哭了："晚上快11点了，哥哥还没回来，我还没做好功课！"

两年下来，二儿子瘦了30磅！

他本来也就是140磅的中等身材，我们天天见面还不觉得，有一天突然认真一看，才发现瘦了许多！太辛苦了！我当时也要到新加坡录影，两地奔波，加上要在背后协助他，也实在忙不过来。

"小厨"第一年已经回本，第二年开始赚钱，第三年业主要求加租时，我就对二儿子说："你不是做这一行的，不然，不必读这么多书，现在钱也赚到了，你有什么打算？"

他说去新加坡做回本行，"小厨"就结业了，赚到的钱都按出资的比例摊分。

最大的收获，就是兄妹和睦，没有因为钱吵架。

2003 年，香港爆发非典型肺炎，新加坡虽然没有宣布有非典个案，但所有得到"急性肺炎"的，一律都被送进陈笃生医院隔离，而我的二儿子，就在那时进了陈笃生医院的深切（重症）治疗室！

当时是内地五一长假，我到大陆做宣传整整 13 天，从深圳出发，一直在广州一带走。我每个晚上都和二儿子通电话，但就是 5 月 9 日母亲节前一天，开始没接到电话，我开始挂念，工作一完成，客户请我留多两天放假玩玩，我不肯，连夜坐车回香港，心里不知怎地，非常不安。

第二天是星期天，只有我一个人在家，早上 8 点钟，二儿子的同事打电话来，说儿子进医院了，我立即赶去机场，可是没位子，一直等到下午 5 点才赶到新加坡。

去到医院，才知道是陈笃生医院，还进了深切（重症）治疗室！

儿子已经插喉，不能说话，医生告诉我：本来儿子不肯插，说妈妈正赶过来，医生问："你妈妈几点来？"

"6点前。"儿子说。

"如果你不插喉，妈妈来了也见不到你。"已经到了这个地步！

我不能进深切病房，只能隔着玻璃打电话给儿子，叫了三声，他都没反应。

我说："妈咪来看你了，你听到吗？听到就动一动。你听着：妈咪现在来看你，你不用担心，我一定会照顾你，直到你好为止。我们经过了这么多艰难和辛苦，这次是跟病魔打仗，你一定要打赢，你相信我。"

他头部突然动了动。

"你听到了？妈咪不会走开，你放心。妹妹也在赶来。"

小女儿正好出差到了日本，当晚也赶来了，我们在医院正要去买东西吃，才刚刚坐电梯下去，电话就响，我跟她都不敢接电话，抱着大哭——原来是护士打电话来交代一些事情。

儿子要滴特效药，反应好，就要连滴4天，反应不好，就是最后9个小时了。

好在过了那9个小时！

那药就不能停，女儿担心，叫护士让她进去看哥哥，发现药快完了！其实药没了，护士会知道，但小女儿太担心，怕晚上人手少，宁可陪着。

她四五天没有离开过医院，就睡在医院地下，那些椅子好硬，有个女孩也是来陪婆婆，带着睡袋，见她这样，特地带多一个睡袋给她，冷气好大，看门的印籍管理员还叫她们在灯下睡，比较暖和，这么多天，她就这样过，连澡也没洗过。

"只要他活着，什么事都好。"小女儿说。她坚持要我晚上回酒店睡："阿妈，如果你也病，我就不行了！"

儿子足足在深切病房15天，搬回普通病房时，走路也不行。

我把所有的工作都搁下，除了第一晚和小女儿抱头大哭，之后一滴眼泪也没掉过，医生对小女儿说："这样的情况，你妈妈也没哭。"但我每晚回酒店，都洗自己的衣服，我也不知道为什么，可能是为了排遣情绪。

儿子搬回普通病房时，也不能吃东西。

好在有朋友，有一个导演是我的契女（干女儿），在当地电视台当监制，帮忙煲汤。另外还有一位太太，说起来人生的事情好奇妙：

我刚刚出来教烹饪没多久，一间公司新推出微波炉，找我卖广告，还举办"微波炉烹饪比赛"，比赛结束后，有位十六七岁的小男孩上前告诉我：本来也有报名参加，可是盲肠炎没能比赛，很失望。我叫他明年再来，第二年他真的来了，而且做得很好，拿了第一名。

有次在电视台录影，现场观众里有个男孩子叫我，一看，是他！原来他特地来告诉我，要去台湾修读营养学。刚好公司给了材料费，我围裙袋子正好有1000多块，就给他当利是（封包），他起初怎也不肯收。

男孩一直寄贺咭（贺卡）给我，还有饮食的资料。有一年他回港，过年来拜年，提起父母移民了新加坡，给我父母的地址，说有需要可以找他们。后来我真有机会去新加坡工作，就找他妈妈帮忙，在当地市场买东西。

这时儿子有病，男孩的妈妈帮了我好大忙！天天煲汤，青红萝卜、粟米、苹果之类的，就当水喝，我从来不相信人参什么进补的东西。

儿子的下属也不断来，放工来，午晚的时间也来："Auntie，你儿子是我们的兄弟！去年有些同事营业额不够，你儿子作为上司，把自己的营业额拿来填。"我听了真安慰，后来问儿子，他说："阿妈，过年想大家开心罢了。"

"我真的为你自豪！"

5个孩子，就像5只手指，纵有长短都是连心的。

生大儿子的时候，我真的很年轻，第一次当妈妈，不知道小孩子每个阶段的能力如何，就把大人的愿望，全投放在孩子身上。我对大儿子的要求尤其高，一直迫（逼）他读书，其实5个孩子里，大儿子最能读书，结果最没有耐性读书。

我不是想自圆其说，可是做母亲是没有学校去学的，一切只能靠摸索，在过程中体会，一直到小女儿，我才领悟要走进孩子的心，做他们的朋友。

这样说好了：直到今天我和大儿子之间，心中都会爱对方，可是还没有找到适当的方法相处。

我会欣赏他当全职爸爸，把孙子带得很好，能升上大学念电脑。或者有些外人会比较他们几兄妹的表现，但所有压力都是自己给的。

如果一直把小时候的事情放在心里，那就是遗憾，可是放开一点看，已经成年了，家人也就是各自的独立的个体。

5个孩子我心里面都爱，有没有偏心？坦白说，原则上不会，可是实际上，关系可以有远有近。

如果说和其中一个比较合得来，是因为那位的反应令你比较舒服，也就喜欢在一起，外人看是偏心，但对方也付出相对较多啊。

　　人与人之间最初都是没有爱的，都是你给一些，我给一些，有血缘的母子也是如此，需要有来有往。我爱你，但你永远没有反应，那就很难继续。

　　其实，当妈妈的，哪里会真正介意孩子的成就？最希望，就是孩子健康、平安。

和孩子闹着玩拍即影即有相片。

　　二儿子和小女儿的关系特别要好，无话不谈，一起经历过很多事情。正如2003年二儿子经历"沙士"（非典）一疫，更令人有感生命与健康之可贵，人生之无常。

在"方太小厨"与二儿子留念，他为了这餐馆，瘦了好多！

　　大儿子与媳妇。对我来说,媳妇就是我半个女儿,我从来不会像某些老人家,把当年从家姑(婆婆)受过的气延续到下一代。己所不欲,勿施于人。

大儿子很重视他的家庭，为孩子付出很多。

如果要找一个男人共度终生，还是他。

第十五章
只要人在

　　我离婚后多年，和一位要好的朋友一起生活了17年，直到2007年，他去世。

　　我们都是同辈的人，上海旧式家庭出身，有共同的语言，也喜欢看电影，听音乐，都经历过婚姻的生活。大家就像老朋友一样，生活在一起，各自尊重对方的自由。

　　他曾经提出："不如我们结婚。"

　　"我这一辈子，恋爱谈了，婚结了，孩子生了，婚也离了，人生大事都做了，不必再做这些。两个人一起做伴，互相关心便好了。"我答。

　　当时其实想说：我不求什么形式，两个人，有爱就行了。

　　我们前后相识了30多年，间或吵过架，但我不用在他面前撒谎，他也不用在我面前撒谎，我肯定他永远不会说话伤害我，更不会做伤害我的事。

我从来没有听过他说别人坏话，亦不懂花言巧语，我曾经对他说："女人都喜欢听好听的话。"可是他也不说，一句话，就是一句话。他有的同事会利用职权谋私，但他从来不会，非常忠厚，有一日回想：竟找不到另一个人比他更可信的。

如果要找一个男人共度终生，还是他。

我们其实不一样，他读书很好，会说流利的英语和意大利语，在一家大公司工作一级级往上爬，当上高层才退休，可是我的工作复杂得多，他相对单纯。我会形容他像是在九龙塘的贵族地方长大，而我在街边混上来的。

我喜欢凑热闹，街上哪里火灾哪里有人吵架，我都会好奇凑过去看是什么事情。有次我和他一起在尖沙咀看完电影，有人拿刀打架，我马上停下来看，旁边的店铺还对我说："方太，进来看打架！"我正要进去，他怕死了，连忙拉我走。

又有次到九龙城吃饭，他找泊车位入咪表（停车收费表）。

我告诉他："这里不用咪表，有人看的！"

"为什么不用咪表，这不是咪表吗？"他完全不听，结果我一下汽车，马上有个男人走过来，好在认出是我："哦，是你呀，随便啦。"

"哥哥，我们去那里吃饭罢了，等会回来请你喝茶，请你看看这部车。"我马上客气地给一点钱，对方点点头便没事。

可是他好生气："我已经用八达通付了咪表的钱，怎么你还要给钱人！"

怎么说也不明白，我比他更气！

我们是不同世界长大的，可是都能找到办法相处。

有时候看电影，各自喜欢的不同，我有时会爱看很刺激的电影，像《古惑仔》系列我每部都有看。他说："我让你吧！"

"免得你睡觉！"我说，"大家分开看吧，然后在门口等。"

电影完场，他出来笑我："傻瓜！一个人看戏！"

"看戏，用不着两个人啊。"我们对对方，很诚实。

早上，我一定会先洗脸，因为他好姿整（在乎仪表）：洗脸、剃须、吹头，一大早香喷喷的。我笑他："你都没有头发，吹什么头？"

"有几条吹吹也好！"他不服气："你那么快，都不知道有没有洗干净！"

"女人晚上才下妆，那脸会有多脏？你咋晚掉进马桶吗？"

可是他吃和生活，都不挑剔。

有时候他生气，我说："你生我气？再生气多一点吧，生气不用花钱！"

他就笑了："拿你没办法！"

但有时我又会加两句："我知道：你大男人，但其实你小男人哦。"

"够了你！"他快要生气，我接着说，"大男人是不会和女人计较的，小男人才会摆架子。不认真才是大男人，你有时便太认真，我也不认真，你认真什么？"

他听了嘴里不说，但态度会改变。

真的生闷气，我会过一段时间才说："今天早上我说的话，你生气？你觉得不对？你说啊，我都挺喜欢听你说。我会改的。"

他便坦然说出想法："不是生气，你也是对的，我只是怕会有反效果……"能谈，就没事了。

我总是告诉他，如果我有不对，要说出来，就算当时我生气大吵，也要说出来，然后大家才可以平心静气地讨论，对事不对人的。大家每天都变老，但如此才能继续成长，生活才有意思。

他其实是寡言的人，有次对我说："这一辈子，跟你是谈得最多的了。"

我工作很勤劳，但不舍得花钱在自己身上。

有一次看中一双鞋子，他说："买啦！"

"不了，家里还有鞋子，一个人就两只脚，睡觉又不用穿鞋子。"我没买。

第二次走过，又禁不住赞："挺漂亮的。"但 1000 多元，我不舍得，不是没有这个钱，但不舍得。

第三次走过："哎呀，卖掉了！那鞋真漂亮！"

"你对人就阔绰，对自己就省！买一对鞋走三次，你看，现在给别人买了。"自此我一说漂亮，他就马上买下来，弄得我好生气："你做什么！"

有一次去旅行，小女儿也一起去，在旁边笑个不停，她对我朋友说："人家还以为你是油王！阿妈才看到什么，你便给钱，阿妈就气到跳起来！"

"因为我不买，她就不舍得买！"他答我女儿。

我们是很偶然认识的，说白了，是在"不适当"的时间遇到。

很多人都会说：结了婚的人，不应该有第二段爱情，不接受。我明白这些道理，但更明白婚姻是很难行的路，当初大家想要共同一起生活，以为就是终结，其实结了婚才是开始，每天都有不同的改变，很难说是丈夫有问题，或者妻子有问题。

如果是男人爱上妻子以外的女人，就是背叛了妻子？

我觉得"背叛"两个字好吓人，其实并无卖身给对方，是违反了承诺，然而承诺是那一刻的事，之后大家都会变。

我也有认真反问自己：如果有天丈夫回来，说爱上别的女人，我会如何？我第一个反应是如何自己带孩子，因为他是经济支柱，我会担心，但不会怪他爱上别的女人。只要他处理得好，他爱上别人，觉得快乐，那有什么差错？

很多人会说很多恶毒的话，但正常婚姻出现这样的问题，其实已经很苦。

他和家人一起移民到美国，我去送机，他对我说：如果有机会，希望可以一起"共老"。

我没作声。

我们天天通电话，我工作很辛苦，他在美国也很艰难。我没求过什么，最后他决定退休回香港，跟我一起生活。

如果老早嫁给他，说不准也会离婚，我始终觉得婚姻很难，如果年少时结婚，大家年轻也不一定能相处。当他太太不一定幸福，也是油盐酱醋米一大堆家事，也许是年纪大了，彼此都更懂得相处。

两个人，爱是最重要的，如果你深爱一个人，便愿意为他做任何事。爱是关心，是给出去，不是拿回来。当你付出爱，而对方懂得爱，回报会比想像的更多，然后两个人共同进步。如果其中一方不懂回应，爱就会减少，因为没法子单方面一直付出。与其说"爱是包容"，不如说："包容是爱"。

他去得很突然。

有点咳嗽，说肋骨有点疼，我连忙叫他看医生，他不愿意："看医生你能抽佣金？"

"对，我有佣金！"我当笑话说，他无可奈何也就去看医生。

照 X 光，肺没事，可是肝有一个 4 厘米的肿瘤。医生要他马上检查。我有带他看别的医生，可是他不肯："我在美国有保险。儿子也在美国。"说什么也要去美国。他不愿留在香港，我就不说话。

在美国做了手术回来，我问："良性恶性？"

他说："医生都说没事！你还问？"我就没再追问，当时也有工作在身，没有坚持问清楚。我曾经替他问别的医生，可是他不高兴，他比较逃避，不肯面对生病这件事。

到了复诊的时候，他在美国要住女儿的家，女儿要生孩子，要他晚一个月去，他就延期，结果就病发。

小便的颜色好黄，医生叫他去验血，那医生跟我很熟，一看化验结果马上打电话给我："他的肝酵素达到1000！"

"正常是多少？"

"10！"

我吓得半死！马上带他看医生，医生说可以介绍相识的专科，可是他只是答："我要回美国。"

医生轻轻拍拍我的手，小声说："他要去美国，让他去，他儿子在美国。"我不知道这是另有意思的，我真的不知道！

送他到机场，他说："我很快回来！"，我第一次送机的感觉，是这样黯然。

他太含蓄，最后一次打电话给我，是香港时间半夜3点："我吵醒你？"

"不怕，做什么？"我半梦半醒地问。

"我进 ICU 了，相信以后可能很难打电话给你，但你相信我锡晒（很爱）你，我这一生人，最疼的人就是你。"

"你自己小心。"我只能这样回答。

再飞过去时，他已经在医院深切治疗部，似乎人人都预计他不能再出院。

这时我真的很后悔我们没有结婚：没有名份，不能话事（没有发言权）！

尽管他的儿女对我很客气，但当时在医院，我不能做决定。

而且他也不能动了，如果还能，怎样我也会带他回香港照顾。

留了几天，又气又急又伤心，可是没事可干。待不住，也因为来得匆匆，还有一些事情要处理，就离开了，回程去到北京办事情时，便收到他儿子的电话——

就这样，缘分尽了。

到现在，心还放不下。

两年了，他书房的东西我还不能收拾，一摸，便手颤，实在不忍心，也不想别人碰他的东西。

不断在想：

如果当初在香港，照顾好一点，是否不会那么快？

会否太看重自己的工作，疏忽了他？

脾气会否太硬，没有好好珍惜相处的日子？

......

　　曾经替他看病的医生朋友安慰我："这个病可能已经有了几年，不过没发现，就算留在香港，不开刀，也就是拖时间。"

　　但他决定了开刀，我怎能说话？

　　"都是你，不让我开刀！"如果日后他怨我的话，我不能承受这一句。

　　医生朋友继续解释："在香港，顶多拖两年，中途也是会想回美国治疗。"

　　"都是你，死要留住我！"如果不让他走，会否怨我？

　　他的子女是否也会埋怨？

　　一切，都是命中注定。

　　小女儿说："他跟你一起这 17 年，他过得好开心。"

　　虽然我也经历了不少喜怒哀乐，身边的人 都劝慰我生老病死是必然的事，但事情真正发生的时候，还是很难——接受。

　　人生的黄昏，能够有老伴相随，是多么的幸福！这跟拥有儿女和金钱，都不一样。但世事只有失去了，才感觉真正的重要。

　　回头看，其实身边的琐事有什么大不了，只要人在，就好了。

死亡对自身不悲哀，但对身边的人，是。

我开始读佛经，《心经》说的是："人生都是无。"

这样看，心里比较舒服。

　　这是丈夫当年给我拍的照片，当时我已是5个孩子的母亲，可很多人都说看不出来。后来男朋友说喜欢我这帧照片，说当时的我还没后来的世故，他长年把这照片放在书房。

　　最后一次跟他见面，是在医院的深切治疗部。我在他耳边安慰并鼓励他说，一定会带他回港医治，当时他用手拿开氧气罩，说："自从退休以后，跟你一起生活的日子是我人生中最快乐的时光，你也要好好照顾自己。"没想到，那成了我们之间最后的对话。

　　人世间，我们从此暂别，只得寄望再有相会的日子。

　　虽说生死有命，但从来未碰到亲人挚爱离世，永远不会明白个中的伤痛。
时间也未必可以冲淡哀痛。

　　有人叫我多想与他一起开心的事情，谈何容易？有段日子，我连又一城商
场也不敢去，就是因为当中有太多我们的足迹。我自觉欠他太多。

　　我很喜欢这张照片，当中有着我的童年回忆。小时候在北京，只要手拿一串冰糖葫芦，就变得乖乖顺顺的。那时只要有喜欢的甜食，人就快乐，这是出自一种私欲；长大了，经历种种，只想孩子快乐，他们幸福平安，我就快乐。

第十六章
为爱活下去

成长不易，每一个阶段都得努力接受不断的挑战。

有一个比喻，我常挂在嘴边：人生如戏，活在世界上，无论贫富，都是人生舞台的"戏子"。

一出世，便是身不由己，要演人家的女儿、人家的太太、人家的母亲……在社会上，也要演好工作岗位上的角色。一生的角色，既多方面，又多阶段，像一粒种子从萌芽到生根，又从幼苗长到枝叶茂盛，每一枝，每一叶，都是要担当的角色和责任。

没有导演指引，不能读剧本，连彩排的机会也没有，演坏了，没法叫停，更没法重来。"角色"来到，就一定要演出，是喜剧，是悲剧，各安天命。

更可悲的是，当你尽力演好角色，但其他"演员"不合作、不投入、不负责，除了叹息，也没有其他办法，你不能要求换角，不能罢演，无权也无法提前解约！

"所有报酬都不要了！放了我吧！"但谁有权改写剧本？

人生到底有没有剧本？

只要一踏上这人生舞台，就是天王巨星，也无可奈何。当然，可以不顾一切跳下舞台，但身上仍然紧紧地束着戏服，至死无法脱下。

其实，有责任有良知的演员，是不会突然离开舞台的，总是念在同场的演出者，生怕影响他们。所有厌倦和无奈，都会收藏起来，躲在舞台阴暗的角落，尽忠地配合演出，尤其是一些饰演了太多角色的老角。

有一天，其他演出者突然想起这些老角，忆起他们往日的功德，那一定是他们也开始扮演老角了。

小女儿每次听到我说"做人很苦"这类话，就会不高兴："你这样说，我很心疼！"她总希望我活得快乐，每次她提出"抗议"，我都会接受她的"甜蜜"，但我心里知道，她还没到我的年岁，不会真正明白我的感受。

男朋友去世后，小女儿更担心了，有次更对我说："我不可以没有你！"

其实，我反而领悟：生老病死是人生的自然定律，无人能逃得过，然而当至亲的人，一切都告一段落，从此就没有了，那种心伤和不舍之情，是会使人整个枯萎的。

既然我们都希望自己爱的人，不要走得太突然，使爱他的人手足无措。那我们能做的，就是把自己的身体照料好。

为爱你的人，活下去。

我对儿女说："我决定……"

"好心（求求）你别再忙了！"儿女连忙打断我，我接着说：

"我决定把身体管理得好一点，长命一点，所以你们可以放心。"

最近我的左腿痛。二儿子特地放下工作，陪我去北京看医生，我看他太紧张，反而不敢表现出来！其实真的很痛，但喊痛，儿子一定会更担心，只得装作没事儿，好辛苦！

我不是那种向儿子"扭计"（闹别扭）的老人家，坦白说，母亲不会嫌孩子烦，但孩子的耐性是有限的。我宁可静静的。

连儿子离异了的伴侣也打来问候："妈咪，听说你的脚痛，是吗？"

"有'痛脚'（不爽）嘛。"我说笑。

可能有人会猜度这些问候是否真心真意，但我不理，如果是假意，更要加分，因为不愿意也肯打电话来问候。

看了几个医生，才知道腿痛，原来是腰骨劳损，因为以前教烹饪，总是站着，伤了脊椎骨，压着神经线。知道后，推拿、针灸、物理治疗，能做的，我通通都做，为的是不想儿女担心，也不想麻烦他们。

我告诉儿女，年纪大了，就像一架汽车开了几十年，还能走动，有些小毛病是正常的，小心保养便行了，最重要心里平静，生活正常。

比较害怕的，是老年痴呆症，自己倒好，什么都不知道，但对身边看的人就好悲哀。所以我会防范，记不起，就写下来，那就清楚了。

"方太，你闲时做什么？"我以前很怕别人这样问，我哪有"闲时"？自从1999年开始，杂志、电视等这些固定的合约工作都减少了，除了继续接一些喜欢的零散工作，终于有"闲时"，可以看书、看电影、学钢琴……

而这段时间最难得的，是可以陪伴我的小孙子成长。二儿子离婚后，他唯一的儿子便跟我一起生活，他那时才6岁，现在 15 岁了，这 10 年是很难得的相遇，我很欢喜有他做伴。

小孙子 5 岁时，有次跟我"投诉"："爸爸说，9 点就要睡觉，但 8 点 45 分，他就叫我去擦牙！"说时好委屈，好想要哭。

他六七岁，已经跟我住，我就规定他 10 点睡觉，但过了时间，我看到他房间的门底，还有光。

我没有进去他房间，现在的小孩，要给尊严的。

"喂，要睡觉了！"我说了一句，他没回我，假扮睡了。我也没有拆穿他。

第二天我就对他说："你知道人在长大的过程中，最困难是什么？"

"不知道。"他答。

"就是自己管自己，管人很容易，管自己很难。"

"那你能自己管自己吗？"孙子问我。

"我能够的。"

"难吗？"

"难的。"

"那你怎样做？"

"当我工作的时候，就一定要自己管自己。我答应别人做的事，做不到，我觉得我 lose my face（丢脸）。这很要紧，所以我现在要你学习：自己管自己。"

"好啊。"他一口答应。

"你自己定时间：什么时候睡觉？你说两点也可以，我不介意的。不过广东人有句说：'食得咸鱼抵得渴'。"

"什么意思？"孙子在新加坡长大，没听过。

"就是说：如果你两点才睡觉，第二天就起不来，可是你一定得起来上学，所以就会很辛苦。这就叫做'食得咸鱼抵得渴'，明白吗？"

"我就 11 点睡吧。"他想了想，回答我："早上我 6 点 45分起来，也有近 8 个小时，应该够了。"

"OK！"

然后每晚准时 11 点，他就睡了，不用我再叫。

我观察了一段时间，就称赞他："你真了不起！可以第一步管理自己了！"

教育孩子，要有分寸，否则日积月累，小小的放纵，便会弄至无法收拾的地步。孩子在不知不觉中长大。当你发觉想纠正的时候，可能他们的声音已经比你大，这时候，就要受他们那一套，父母不但伤心，而且对他们本身，也只有害处。

爱孩子，更要教孩子，当然教育孩子的方法，也得与时并进。

每天早上，我都跟小孙子一起吃早餐："你今天会做什么？"他就一一告诉我，然后他也问我："你今天呢？"我会跟他谈谈。

他现在 15 岁了，上街，我也只是说："跟小朋友上街，对呀，难道和老太太上街？但学到有趣的东西，一定要说我听啊。而且要说明去了哪里，让我可以向你父亲交代。"

我不啰唆的，有一次我对他说："你做什么我都支持你，错的，也支持！"

"错的也支持我？"他很惊讶。

"因为很多事情对你都是第一次。如果做了什么，回来告诉我，我会告诉你是对是错，那下一次就不会错了。可是下一次再错了，也要告诉我，我也会支持你，因为你一定是错在别的地方。"

所以小孙子什么都跟我说，我们感情很好。

有晚看电视，男主角想跟女朋友分手，但不懂得开口。我问他："如果是你，怎样处理？"

"我不担心，"他说，"我找你去讲！"

我每天都会准备点心给孙子放学吃，云吞、煎薄饼……天天都不一样，也请孙子的补习老师吃。家里有佣人，但我还会亲自去买菜，安排每晚和孙子一起吃什么，二女儿有时看不过眼："阿妈你别这样辛苦！"

我告诉女儿，这是生活。我不要随随便便过生活。

有空，就到九龙城街市买菜，都是老主顾了，大家都认得我，可也不用刻意打招呼。

"吃多一点啦！"买鱼骨熬汤，鱼贩叫我买多一点。

"吃多一点，会变笨的！没听过'食蒙人'（吃多变傻）吗？"我和鱼贩说笑，他也笑着回我："好在我们从小到大，都没得吃！"

街市有很多好材料，像池鱼，在日本卖很贵，但在香港很便宜，新鲜沙甸鱼也没人吃。我试过把这些平价鱼，用日本面豉腌一天，然后用焗炉烤，快熟时，扫点蜜糖，女儿孙子都赞好吃！

我知道哪一档的菜最好，每样当造的买一点，回去就可以慢慢搭配。

"鸡蛋，新鲜吗？"我随口问问。

"不新鲜也敢给你，真大胆啰！"那鸡蛋档主答。这档的鸡蛋，最靓了，那档主以前还是我的"学生"，曾经在女青年会跟我学烹饪，大家都像老朋友，不用多说话，但好亲切。

买叉烧的总会问我："够不够？再斩多一块给你？""够了够了，我买给孙仔吃罢了。"我连忙答，后来光顾别处，才知道这里一直都额外送给我。

临离开街市，我也会叫菲佣买点吃的。

"想吃什么家乡东西？"我站在卖菲律宾小食档口问，菲佣指了一罐鱼，我便挑两种口味各买两罐。

上街市，预先拿个小袋子放零钱，买菜用了多少钱，就心里有数了。

在家闲着，便包饺子，做面包，我家里一定有东西吃，随时可以做几味点心出来。菜肉云吞、鸡肉冬菇……细细做出几种馅料，包成水饺放在冰箱存着。

那佣人本来没心机学，我说，"给你钱，会花光，学会了，别人就拿不走。"

我跟佣人关系都好好，她们不过是出生在菲律宾，也是身不由己的。

上一个佣人跟了我 7 年，我说："人家要给钱跟我学烹饪的！你好好学，不必一世打工，以后可以回家开餐馆。"

她想了想，说："年糕在菲律宾很贵，要到唐人街才买到。"

"年糕材料比萝卜糕和芋头糕都便宜，我教你蒸。"我就教她蒸了一盘年糕，然后叫她带给同乡尝，问人家缺点在哪里：太甜？太硬？下次就懂得调整。

她学得很快，我家过年，都是她负责蒸糕。她妈妈，也真的在菲律宾卖糕。后来她有机会去加拿大工作，在香港工作多久都没居留权，但在加拿大两年便可申请入籍，我也鼓励她去。

训练佣人，最重要是鼓励，让她有动力去进步。情感上，更佳的做法，是可以把她视为家庭成员。

前几晚，现在的佣人蒸蛋下了好多油，鱼汤也是，我和孙子没说话，静静吃了一些。吃完饭，我才把佣人拉到一边说："以前你的蒸蛋，鱼汤都很好，这次怎样了？"

原来她忘记了，以为蒸蛋放油会好吃一点，煎了鱼，也忘记先倒掉油才煮汤。"现在就要记住了，下次不要这样。"我觉得好好跟她说，反而下次不会再犯错。

我也一直示范给她看：在家做面包，焗出来，佣人说："做得很好！"

"这次做得不好，下一次会更好。"

"为什么？"

"你不觉得这次的味道差一点吗？下一次我知道了，加橙皮，就可以做得更好！"每次我做完面包，她一直说"so nice"（"真好！"），我就答"Not so nice, next time!"（"不够好，下次更好！"）

是可以吃，但对自己有要求，就可以做得更好。做人也不过如此。

佣人看在眼里，知道我是有要求的，也会做得更好。

生活是要懂得安排的，到北京跟儿女过年，先蒸了萝卜糕、年糕、炖排骨……一盒盒装好放进红白蓝袋子，很方便，坐飞机托运吧，不必自己拿。

"阿妈，我服了你！"儿女看见一盒盒食物都很惊讶。

但过年那三天都不用做菜，又不用出外找餐厅，多好！

然后煮一大锅红枣，大家一起看电视，一边去皮去核，做成香喷喷的枣泥，留起一些做饼馅，一些拿去蒸糕，个个都说好吃。

当然好吃，可是这样多功夫！

如果有时间，我也想做一次真正的核桃露，给儿孙尝尝。

核桃露本来是慈禧太后养颜的食疗，满洲人习惯喝羊奶，正宗的核桃露是放羊奶的。我小时候在上海，有位厨子改良了，先把核桃浸软去衣，磨成浆，拌进枣泥，核桃露里有红枣香，又浓稠，最后加鲜奶，也是好吃。

其实煮饭一直都是我的生活，上电视教烹饪，只是工作的一部分。我写的食谱，也是我在家会煮的，有次朋友从美国打电话给我，问我一个菜怎样煮，我一五一十说出来。"跟你写的一模一样，"她说："真厉害！"原来她手上正是拿着我的食谱。

女儿在北京想烤面包，我说："有一个食谱很容易，我现在告诉你。"

"阿妈，真的吗？"她不相信我马上能背出来。

"我做了几次了。"我告诉她：一磅面粉，就是掺一杯水，一杯一般是 8 个盎司，不过天气有变化，天气干就把杯子再注满一点；要好吃一点，就放两粒鸡蛋，那水便少一点，因为蛋液也是水分；放了水，加半茶匙盐，两个汤匙油，放橄榄油就多一点，牛油便少一点，然后在面团中间挖一个洞，放一茶匙酵母，一茶匙糖，就行了。

"我看了好多食谱，没说要放鸡蛋。"女儿很怀疑。

"不放鸡蛋是基本的面包做法，但放了好吃一点。"

第二天她再打电话："阿妈，你的方法行啊！"

"上次你丈夫来香港，我做这面包，他也说好吃。"我就回她。

可是我不会教媳妇煮饭，"我教煮饭收钱的！"我总是这样说笑打发过去，何必给媳妇压力？

二儿子的前妻，曾经问可否继续叫我做"妈咪"。

"当然可以啦。"我想也不想便答。

她和我是两个世界的人，可是她喊我妈妈，是尊重我，而且她是我孙子的妈妈，我一定要尊重她，我要孙子知道我爱她妈妈。

有一次小孙子问我："你爱我妈妈吗？"

"当然！"

他就很满意地说："我妈妈也疼你。"

"我知道，因为我们都疼你。"

永远不要在子女面前说丈夫或者妻子的坏话，说的是孩子的爸爸、孩子的妈妈，你想他们怎样反应？

我曾经对小孙子说："我不是你妈妈。"

"我知，你是我奶奶。"

"但我做了一部分妈妈的工作，照顾了你的饮食，检查你的功课。为什么？因为你爸爸在大陆工作，妈妈在新加坡，没时间照顾你，所以我做这些。可是你也很重要，因为你也在照顾我。"

这是很多奶奶不肯说的，我不会说三道四，去巩固自己的地位，我宁可给他知道他很重要，要照顾我。

有天下午，小孙子打球回家，问我会否去他学校看美术展览，我忘了，反问："什么展览？"

"昨天不是跟你说了吗？不过如果你没空，便不用来。"他轻轻说。

"我马上来吧！"

他很开心地答："不用急，等我回来，洗澡了再跟你一起去学校。"

谁知去到学校，原来个个学生的家长都来了，如果我没有去，就大件事（严重了）！

小孙子问我腿痛不痛，我笑笑拉开话题："我不懂 art（艺术），你得介绍给我听！"他也就很高兴地到处解说，临走时，他说："谢谢你！你令我今天有面子，我以为你不来，都颇 upset（不安），但我知道你腿痛，不来也可以。"

好在我有去！

有时候小孩在你身边，长大是不知不觉的，但他终究是长大了，需要尊重给面子，不然他也就不懂尊重是何物。

两年后，孙子18岁就要回新加坡服兵役，本来可以申请延迟，但他怕读完大学再服两年兵役，发展就比同学落后了。所以决定先服兵役，我想，我会很不舍得。

这对他是好的，他能够学懂独立守纪律，过程会有眼泪，但眼泪令人长大。

哪一个长大，不曾流过眼泪？

回想过去，仿佛都是为别人而过活的。有次我还发脾气："我活着，总是为别人！"

现在有时间，已经没有兴致，比方以前很想去跳舞、去玩，如今完全没有这个心思、体力。有时在百货公司看到有件衣服好漂亮，可是不会买，因为不衬我现在的年纪。朋友约我去旅行，心里不是不想去，可惜也没精神。

过去的，就过去了，不能回到从前，我也会有点后悔。

尤其是当年男朋友很想和我去旅行，我都婉转地拒绝，因为不想小孙子一个人在家，有次他看出来，就说："你不用担心，他有工人照顾。"我听了不开心，心想：当然你不会看重小孩！

他不在了，回想才觉得自己幼稚，小孙子小时有工人看，现在大了，上街也没理我啊。

我一辈子都是顾这个，顾那个。

但这就是人生，如果当年没有刻苦耐劳，没有把全副精力放在工作，也没有现在的安定生活。

儿女可能也没有今天的机会，这也算是收获，就心安了。

　　那时大女儿因工作关系经常离港，外孙女小时候经常来我家住，一逗留就是两至三星期，我们十分兴奋，众人皆准备及安排不同节目，等候这个小宝贝的光临。

　　我常跟同住的孙儿说，有什么尽管可以跟我谈，我大可以像朋友般跟他分享，不过，我也是她的祖母。我要让他知道，两者是有分别的。

我们常笑大女儿的儿子"马爹利"会是"女人杀手",把所有女人都迷倒。

　　做母亲是没有学校供我们入学学习的，一切只能靠摸索，体会和领略。帮助孩子成长是当母亲非常重要的一环，能够与他们互相扶持同行人生路，牺牲多少，也是可喜和值得的。

后 记
过喜欢的日子

我是一个没有大志和简单的人，早婚只是想逃离不快乐、逃离没有未来的家。望有个人能爱我、疼我就够了，其他什么都没想过。事后没有得到我想要的，只能忍了，因为是自己拣的，我接受，承担一切后果。是自作就自受吧！当我做母亲后，我对自己说，是我把孩子带到这个世界的。他们没有选择的机会，更无法自主。我对他们有一切的责任，更何况我深爱他们，是很简单的道理，对儿女我也没有要求，只愿他们能做有用及健康快乐的人，就行了。

在我全职做家庭主妇时，我是认命的刻苦耐劳、精打细算，尽力要做到最好。我曾住在丈夫办公室楼上的政府宿舍整整 8 年有多，没有邻居、没有朋友，只有我和几个尚未长大的孩子。丈夫和我一起过日子，但我们没有思想的交流、没有生活的计划，更谈不上共同的思想领域、相同的价值观。每天刻板地过一天算一天，日子就是这样流逝的。现在回想当时能不疯，真是幸事，我想，应该是我的孩子救了我，支持了我。另一半是家务的辛劳，已无暇细想了。长年的不够睡，透支的体力劳动，帮我度过了危险时刻。当年我只是卅岁刚出头。

从家庭主妇到出来工作，不是革命，只是想利用自己的时间，能赚些"外快"，使家中宽裕些，大家可以过得好一点。从没有野心和策划，说得简单点，真是只想做好一份工，能有好的收入而已。如果说有成绩，应归功我的习惯——认真、肯改进、不怕辛劳，此外就是沿途贵人们给我的机会和提携了——至今我还记在心头。

一切都是无心插柳。所以，我从不感觉自己有什么特别或值得夸耀，只是平实、努力地去做。反倒是从 1984 年开始，孩子们已大了，他们能照顾自己大部分的事，我的工作开始多和忙了，我和孩子们讨论，为了大家能过好的日子，我们要大家各自紧守自己的岗位，和打仗一样，千万不能一子错，满盘皆落索。有问题大家提出共同解决，亲爱团结就是最大的力量，这是我们大家共守的信约。他们同意并支持我。由那时起，可说是我将全副精神投放在工作上，不单是学习烹饪，还学习推广产品的知识，学习广告方面的知识，出版方面的知识。学习待人接物、怎样和客户能取得共识等等……真是太多了，不但要虚心更要肯接受，此外看书和有机会去外地都是一种见识和学问，绝不是去玩的。因为工作是以烹饪为主，必须对食物、食品有更深的认识。这些都是要用工作以外的时间做的，要在一份工作中冒出头，是一定要肯付出及少许牺牲（即不要太介意钱）。多年来我是如此刻苦耐心去做的，有人曾说我薪水高，我回答说：因为肯付这酬劳的人知道我是"值"的。

我第一次说我工作、学习的过程，主要是告诉大家"世上无难事，只怕有心人"。肯学、肯做，每一天都是新的开始。我从来只是做好自己的事，要有交代。因为人家是付酬劳的，不是要我白做，所以，我从不觉得有什么了不起和值得夸耀。我成为公众人物，被大家认识，只是我的工作被大家见到而已。就像宝儿所说，和天安门前站岗的士兵一样。这也是我低调的主要原因，此外就是性格使然了。

看了整本书的稿件，使我有些感慨，也有些落寞（这是心中的感受），过去的事，就像一页页的书。生在何家，不由我自主，但懂事长大后，命是我自己的，是个人就要对自己负责，更要对自己做的事负责。我对我成长中身边人，并无怨恨，只感觉他们当时不懂得爱，很可惜，有机会我还是会给他们爱的，因为始终他们是我的亲属，如我爱父亲就应该这样做，不值多想和多讲。儿女幼小时的付出当然是我应该做的。虽然在年轻时，我也曾失去了一些自我。但，看到他们今天的成长，就不应该和自己"计较"了。我曾听过一些年轻的女士说，不愿为孩子放弃少许，情愿享受自由，因为孩子大了，就有他们自己的世界。但，年轻女士要记住，孩子在没有自己的世界之前，是十分需要父母的指引及照料的，否则又怎能有美好的世界呢？所以，我选择了孩子，就不应该再作他想，因此也就坦然了。

如果，真要说欠缺的，应该是爱情，也许你会说几十岁、超过半世纪岁数的人，还说爱情，不怕丑吗？因为大多数人一说到爱情就会联想到"性"，我说的爱情和"性"根本是两回事。我从小就崇尚爱情，没有爱情要生活在一起，真可说莫名其妙。只觉得一生人，没好好地谈次恋爱，真挺遗憾的，只能留到下辈子了。少女时代谈恋爱，大家都年轻，什么都不懂，只是喜欢，爱慕对方，无论能否成功，都是一种欣赏和美意。

想想都是一种美的景象。长大后仍然崇尚迷恋爱情，结婚也是想获得爱情。

我和男朋友相处的十余年，在外人看我们都老了，但因为我们相识在年轻时，所以，我们之间还存在着年轻时的情怀，我们不但存有爱情，且学会相处，懂得尊重对方，有基本的礼貌，互相坦白，谅解对方的处境（我们各自有自己的儿女），有问题帮助对方去解决，没有一点妒忌和想难为对方。只要对方快乐就好了。可能是我们互爱对方很深，但有朋友说："因为你们没有一纸婚书，大家都尚未卖给对方。所以就不同了。"我却认为人与人有时太熟了，就会忘了一切应守的礼法，夫妻如要白头到老，共走人生路，一定要克制自己，不要在盛怒之时口出恶言，伤害对方，更不要在儿女面前说对方的坏话，因为除了苦了儿女，并无其他效果。我在婚姻中跌倒过，曾反复理智地检讨自己，我在跌倒中，学懂一些道理。这些都是我的经验之谈。恶言后仍要相处一室，是多难堪的事。

相处的日子里，我们都在学习，和我们以前各自的婚姻生活全不一样。在学习的过程中，我们也会互相检讨，但绝无恶意，目的是要生活在一起愉快。渐渐我们有了共识，理解对方，所以，这十多年是甜蜜、难忘的。人说，时间可以冲淡一切，那要看是对谁。佛学上说，四大皆空，生老病死是无人逃得过的。我明白，但对一个深爱的人、有如此长久历史的人岂容人忘怀？不可能这么简单。就让他藏在我心中吧！唯一能说的是请珍惜身边每一个人、每一件事、每一个片刻。

说到我的工作，除了让我有安定的生活，最大的收获是有机会认识很多朋友，虽然，不一定全部都是深交，但可爱、值得一提的着实不少，蔡澜先生是我心中的"汉子"，敢说敢做、敢承担、有文采、有阅历、有侠气……太多了。他是一个真正的男人，衷心的喜欢他、敬重他，只是他有时也会看错人，我其实也是一个麻烦的女人。

电视台幕后的一众手足，都是使我挂念和难忘的，这种感情和相处方法是其他行业无法明白、理解的，就是真和直接，我喜欢他们也喜欢这种工作。另外，最难得是电视观众，他们和我相识在荧光幕上，但，他们喜爱我、支持我，是他们的力量使我能够生存，这些都是我生命中难忘的也是我人生的收获，真是感激大家给我的恩赐。我真的在心中谢谢你们并为你们祝福。

最后一页该是我的现状了，儿女都能紧守自己岗位，成绩也不错，该是他们走自己路的时刻了。我的外形当然也不复当年，我的心老了，比我的年纪老很多。除了儿女们的平安、健康、生活安定，什么对我都不重要了。就像走入一间大百货公司，都没有一样你想买的。绝不是灰暗，心境是这样。其实，想真一点，也值得高兴，自己尽力做的，收到应得的效果，就应该满足了。其实，最高兴的是，我现在能过自己喜欢的日子，不介意任何人对我的看法（当然是指不相关的人），做自己喜欢的事（例如以前因为工作无法做的事），不怕别人说我"临老学吹打"，我高兴就行了。

目前，最重要是照顾好小孙儿，让他踏上服兵役的路。我不会闲着的，看有什么能做的就做吧。最后让我惊奇的是陈玉小姐的功力，她居然搞出了这本书，我真是服了她的勇气和魄力，因为赶出书，她工作至通宵，真是我的罪过，愿上天保佑，别让她失望才好，再次感谢陈晓蕾小姐的努力，使大家有机会看到这本书，还有老友蔡澜先生的序，没有他的序谁肯买这本书？谢谢他肯助我一把，真的谢谢！我希望这本琐碎闲谈的书，能让大家明白，路是人走出来的，开心、快乐是要自己去寻找的。上海人有句话叫做"寻开心"是很有道理的，不妨体味一下。另外，要知道责任，不但是对别人，对自己也一样。路就是这样走过来的。甜酸苦辣，就靠自己去品味了。

再版后记
祝福大家

◎方任利莎

当我知道《生命里的家常便饭》将在内地出版，使我有些惊喜，也感到突然。也许内地的朋友对我并不熟识，虽然多次去珠江一带为客户们做产品宣传，多年前也做过"方太厨具"的代言人，并曾应邀在春节期间到中央电视台做嘉宾，但那都是陈年旧事了。

这本小书只是记载了我成长中的琐碎往事，以及各种不同的人生况味。

我常说，烹饪像人生，每个人都是不同的食材，不用介意自己是名贵的鱼翅、燕窝，还是一条葱。名贵的食材烹饪不得法，只是浪费，而简单的阳春面却全靠面上的葱花，令它精致和更有风味。

　　希望内地的朋友会喜欢这本小书，借此再次谢谢陈晓蕾小姐的帮忙及陈玉小姐的支持协助，更希望不辜负商务印书馆南宁分馆的编辑夏蓓小姐的错爱。

　　祝福大家！

在家中

　　我觉得，如果在人生的"运动场"上已尽了最大的努力，问心无愧，到达终点——退休，终于可以放轻松了。

这些年来，我都有写日记，一本本的存着。
现在还有继续出书，最近比较关心的是健康的食疗。

　　家里有3只猫，最好玩是嘉嘉，完全不怕人。另外一只老猫Antonio好喜欢喝汤，有一次小女儿把喝剩的汤给它喝了，我们才知道，然后发现它只喝老火汤，不喝滚汤！

　　养了30多年猫，喜欢猫有性格，不必别人理，我甚至想过写一本《猫眼看世界》，从猫的角度看世事。

　　第一只养的猫是 Lily，因为当时的家有老鼠，小女儿同学给的。

　　后来两只，都在爱护动物协会领养，当时小女儿看见一只猫，牌子写着 nervous cat，就问："我养你好不好？好就喵一声。"那猫竟然真的应了女儿一声，就选了这只。

　　离开时，另一只小猫突然死命抓着我的毛衣，那工作人员说这猫太丑，再没人要，明天便要人道毁灭。我怎也不能解开它的爪，小女儿说："这样惨，不如也领养吧。""不要了，两只那么多！"我起初不愿意，但女儿说一只两只工夫都一样，小猫又死命抓住我，就带走了。因为这丑小猫好恶（凶），就叫 chili（辣椒）。

　　露台本来用盆种了一棵小树，一天，居然有鸟来筑巢！

　　每天生一只蛋，足足生了4只，那4只小鸟大得很快，隔一天，样子都不一样，一个星期就长大飞走了。

　　之后有两只鸟很爱到这露台来，我心想：是不是就是来自那一窝的？于是我每天都会在这里为小鸟准备一些食物。

　　佣人吃完木瓜，拿木瓜籽在露台种，我也由得她。

　　想不到真的发芽，细细的几棵，不过看来并不会长大。"我等着吃你的木瓜！"我常笑着对她说。

二儿子看到说："阿妈，这些花好靓！"

"闻闻香不香？"我答。

他这才知道："原来是假的！"

"看女孩子，别这样子啊。"我开他玩笑。

　　我的家就在"马骝（猴子）山"附近，有时会看见猴子出没。

　　一次有两只猴子跳到楼下的停车场，我连忙丢食物下去，猴子很灵敏，一下就捡起食物走了。

　　每顿饭吃什么，都是我安排的，也会亲自去买菜，有空还会包饺子放在冰箱。

　　二女儿有时看不过眼："阿妈你别这样辛苦！"我告诉女儿，这是生活。我不要随随便便过生活。

　　厨房的柜子和冰箱都是我自己收拾的，一来记得东西放在哪里，二来也是示范给佣人看。

　　我曾经跟 A 1 广告制作公司合作了3年，那公司的老板和导演都是澳洲人，凡是广告里出现食物，都叫我准备。拍广告要非常有耐性，要非常明白导演的要求，我在过程中也学到好多东西，包括如何把一个食物拍得漂亮：原来雪糕其实是薯蓉"扮"的，剃须膏是奶昔。

　　有一次，他们要拍一个镜头切填鸭，叫人买6只回来，我说3只可以了，导演不同意："切完，还没拍好，怎么办？"我说那买4只吧，结果我切了3只，就行了。他们的开支减少，也就乐得继续和我合作。

　　这广告后来得奖，他们就送我这只"招财猫"。

　　很喜欢客厅挂着的两幅图：右边那张写："弹琴只是为消遣休闲，以不求旋律为高雅。"这正是我现在弹钢琴的最佳写照！

　　左边那张大意写："当人们退出了名利场，冷眼旁观，才会发现名利场里的奔波劳碌，毫无意义。"说得真好，我太喜欢了。

我曾经列出一张"愉快晚年"的清单：

（1）老伴

（2）健康的身体

（3）好的朋友

（4）少少够花的钱做自己喜欢做的事

不过，其实如果每个人能欣赏目前拥有的，已经是一种福气。

　　有人说，人生像一次长途旅行，到最后都是要回到来处。

　　我感觉这趟旅行是很奇妙的：很多事情都没法预知，只能一步步前进，一步步学习，终于成熟了，又轮到下一代继续旅程，而每一天，都是新的。

　　你说，有比人生更奇妙的吗？